Der aktienrechtliche Minderheitenschutz

Von

Dr. jur. Wolf Winckler-Krämer

Berlin und Leipzig 1928

Walter de Gruyter & Co.

vormals G. J. Göschen'sche Verlagshandlung — J. Guttentag, Verlagsbuchhandlung
Georg Reimer — Karl J. Trübner — Veit & Comp.

Gliederung.

Literaturverzeichnis.

Annalen des Königlichen Sächsischen Oberlandesgerichts Dresden.

Alexander, Die Sonderrechte der Aktionäre. Berlin 1892.

Bachmann, Die Sonderrechte des Aktionärs. Zürich 1902.

Bauer, Zeitschrift für Aktiengesellschaften (herausgegeben von Bauer).

Behrend, Lehrbuch des Handelsrechts. Berlin 1896.

Bolze, Die Praxis des Reichsgerichts in Zivilsachen.

Brand, Das Handelsgesetzbuch. Berlin 1911.

Cosack, Lehrbuch des Handelsrecht. Stuttgart 1920.

Das Recht, Rundschau für den deutschen Juristenstand. Hannover.

Däumling, Minderheitsrechte in der Aktiengesellschaft. Bayreuth 1902.

Eltzbacher, Deutsches Handelsrecht. Berlin 1925.

Entscheidungen des Reichsgerichts in Zivilsachen. Leipzig.

Entscheidungen des Reichsgerichts in Strafsachen. Leipzig.

Entscheidungen in Angelegenheiten der freiwilligen Gerichtsbarkeit, und des Grundbuches, zusammengestellt beim Reichsjustizamt (zit. RJA.).

Esser II, Gesetz betr. die Kommanditgesellschaft auf Aktien und die Aktiengesellschaft.

Fischer, In Ehrenbergs Handbuch des gesamten Handelsrechts, Bd. 3. Leipzig 1916.

Friters, Zur Rehabilitierung der Vorzugsaktie. Berlin und Leipzig 1925.

Gierke, Otto, Die Genossenschaftstheorie und die deutsche Rechtsprechung. Berlin 1887.

Goldmann, Das Handelsgesetzbuch. Berlin 1905.

Goldschmidt, System des Handelsrechts. 1892.

Grochut, Beiträge zur Erläuterung des deutschen Rechts.

Hartmann, Vorzugs- und Verwaltungsaktien bei der Umstellung der Bilanzen auf Gold. Im Bankarchiv, XXIII. Jhrgg., S. 107 ff.

Hellwig, System des Zivilprozeßrechts, Anspruch und Klagrecht. Jena 1900.

Hergenhahn, Aktiengesetz. Berlin 1891.

Holdheim, Wochenschrift für Aktienrecht und Bankwesen.

Horrwitz, Das Recht des Aktionärs auf Auskunft in der Generalversammlung in Jur. Wochenschr. 1916, S. 887.

Horrwitz, Das Recht der Generalversammlungen der Aktiengesellschaften und Kommanditgesellschaften auf Aktien. Berl. 1913.

Hueck, Anfechtbarkeit und Nichtigkeit von Generalversammlungsbeschlüssen, Bensheimer. Mannheim 1924.

Jahrbuch für Entscheidungen des Kammergerichts in Sachen der freiwilligen Gerichtsbarkeit, Kosten-, Stempel- und Strafsachen. Herausgegeben von Johow-Ring.

Jung, Maßnahmen der Aktiengesellschaft gegen Überfremdung. Mainz 1921.

Juristische Wochenschrift.

Kayser, Gesetz betr. die Kommanditgesellschaften auf Aktien und die Aktiengesellschaften vom 18. Juli 1884 mit Erläuterungen. 1891.
Kohler, Die Fusion der Aktien-Gesellschaft, im Archiv für bürgerliches Recht. Bd. 40.
Koeppel, Die Behandlung von Aktien bei der Goldbilanz. Im Bankarchiv, XXIII. Jahrg., S. 171 ff.
Laband, Der Begriff der Sonderrechte nach deutschem Reichsrecht. In den Annalen des Deutschen Reichs. 1874. S. 1487 ff.
Lehmann, Recht der Aktiengesellschaften. 1904.
Lehmann-Ring, Das Handelsgesetzbuch für das Deutsche Reich. Berlin 1902.
Leipziger Zeitschrift für Handels-, Konkurs- und Versicherungsrecht (zit. L. Z.).
Lichtherz, Rechte und Pflichten des Mitglieds bei der Aktiengesellschaft und der Gesellschaft mit beschränkter Haftung. Diss. Greifswald 1914.
Lithauer-Mosse, Handelsgesetzbuch. Berlin und Leipzig 1920.
Losenhausen, Die rechtliche Stellung des Aktionärs unter besonderer Berücksichtigung des Klagerechts gegen Aufsichtsrat und Vorstand. Erlangen 1907.
Lubszynski, Welche Rechte hat die Minderheit der Aktionäre? Berlin 1892.
Makower, Handelsgesetzbuch mit Kommentar. Berlin 1898.
Methner-Hoffmann, Aktionär, Aufsichtsrat und Vorstand. Leipzig 1925.
Moeser, Die Generalversammlung der Aktien-Gesellschaft. Berlin 1925.
Monatsschrift für Handelsrecht und Bankwesen, begründet von Holdheim (zit. Holdheim).
Nord, Die Rechte des Aktionärs und die Folgen ihrer Verletzung. Berlin 1925.
Passow, Die wirtschaftliche Bedeutung und Organisation der Aktiengesellschaft. Jena 1907.
Petersen-Pechmann, Gesetz betr. die Kommanditgesellschaften auf Aktien und die Aktien-Gesellschaften vom 10. Juli 1884, 1890.
Pinner, Beiträge zum Aktienrecht. Berlin 1918.
Pinner, Das Deutsche Aktienrecht. Berlin 1899 (zit. Aktienrecht).
Pinner, Die Minderheitsrechte der Aktionäre und das Reichsgericht in JW. 1916, S. 988 f.
Planitz, Die Stimmrechtsaktie. Leipzig 1922.
Rathenau, Vom Aktienwesen. Berlin 1917.
Rechtsprechung der Oberlandesgerichte, herausgegeben von Mugdan und Falkmann (zit. OLG.).
Rehfeldt, Die Minderheitsrechte der Aktionäre. Diss. Jena 1914.
Reichsoberhandelsgerichtsentscheidungen, herausgegeben von Räten des Gerichtshofes (zit. ROHG.).
Ring, Das Reichsgesetz, betr. die Kommanditgesellschaften auf Aktien und Aktiengesellschaften vom 18. Juli 1884, 1886.
Rehm, Bilanzen der Aktiengesellschaft. München 1903.
Reischer, Vorzugsaktien und Genußscheine. In Veröffentlichungen des Banktechnischen Institutes für Wissenschaft und Praxis. Nr. 4. Wien 1925.
Riesser, Neuerungen im Aktienrecht. Berlin 1899.
Ritter, Kommentar zum Handelsgesetzbuch. 1910.
Rosendorff, Betrachtungen über Bilanz und Dividendenpolitik der Aktiengesellschaften während des Krieges. Berlin 1918.

von Rosenstiel, Das Recht des Aktionärs in der Generalversammlung. Diss. Greifswald 1918.
Schmidt, Die zivilrechtliche Verantwortung der Gründer. München 1888.
Seuffert, Archiv für Entscheidungen der obersten Gerichtshöfe.
Simon, Die Vertretung eigener und fremder Aktien in Generalversammlungen. In der Festgabe für Wilke, Berlin 1900.
Sintenis, Zur Verordnung über Goldbilanzen, im Bankarchiv, XXIII. Jahrg., S. 64 ff.
Solmssen, Probleme des Aktienrechts unter besonderer Berücksichtigung ihrer Entwicklung in den Vereinigten Staaten von Amerika. Im Bankarchiv, XXVI. Jahrg., S. 21 ff.
Sontag, Die Aktiengesellschaften im Kampfe zwischen Macht und Recht. Berlin 1918.
Staub, Kommentar zum Handelsgesetzbuch, 2. Bd. Berlin und Leipzig 1926 (zit. Staub-Pinner).
Ullmann, Die Veräußerung des Vermögens einer Aktien-Gesellschaft im Ganzen. München und Leipzig 1916.
Wagner, Das Aktiengesellschaftswesen. In den Jahrbüchern für Nationalökonomie und Statistik. Jena 1873.
Wenck, Die Einberufung der Generalversammlungen bei Aktiengesellschaften, Genossenschaften, G. m. b. H., Gewerkschaften und Versicherungsvereinen. Marburg 1914.
Zeitschrift für das gesamte Aktienwesen, herausgegeben von Harder und Ichenhäuser.
Zeitschrift für das gesamte Handelsrecht, herausgegeben von Goldschmidt u. a. (zit. ZHR.).

Einleitung.

Entgegen Grundanschauungen früherer Zeitabschnitte hat das moderne Recht den von konstitutionellem und sozialem Geiste getragenen Gedanken des wirksamen und legalen Schutzes von Minderheiten in sich aufgenommen. Staatsrechtlich enthalten diesbezügliche Bestimmungen in reichem Maße der Vertrag von Versailles und die neue deutsche Reichsverfassung. Jedoch auch im überwiegend individualistisch gestalteten deutschen Privatleben hat der alte deutschrechtliche Gedanke des Minoritätenschutzes[1]) seine gesetzliche Anerkennung gefunden, und so enthalten die neueren Kodifikationen — besonders des Gesellschaftsrechtes — eine erhebliche Anzahl von Schutzbestimmungen zugunsten einer kapitalistisch oder personalistisch schwachen Gruppe, die ihre besondere praktische Bedeutung im Rechte der Aktiengesellschaft erhalten haben. Der Versuch, diese Minderheitsrechte einer besonderen Darstellung und Betrachtung zu unterziehen, dürfte heute besonders in folgenden Gründen seine Rechtfertigung finden.

a) Die zahlreichen Auswüchse, die im Aktienrecht in der Inflationszeit zutage getreten sind, haben die Forderung nach einer mehr oder minder durchgreifenden Änderung der Aktiengesetzgebung laut werden lassen. Auch der diesjährige Juristentag hat Gelegenheit genommen, sich mit der Frage einer Aktienrechtsreform eingehend zu befassen. Von besonderer Bedeutung wird bei einer etwaigen Reform das Problem des Minoritätenschutzes sein. Die hierbei auftauchenden Fragen in gerechter und brauchbarer Art und Weise zu lösen, wird besondere Schwierigkeiten bereiten, herrscht doch in der Wissenschaft, wie in der Praxis, lebhafter Streit darüber, ob den Minderheiten bereits zu weitgehende Rechte eingeräumt sind, oder ob sie noch eines weiteren Ausbaues bedürfen.

---

[1]) Der Gesichtspunkt des Minoritätenschutzes wurde eingeführt in das Aktienrecht durch das Ges. betr. d. Kom.-Ges. a. A. u. A.-G. v. 1884.

b) Die während der Inflationszeit entstandenen Mißbräuche, unter denen vor allem die Vorzugsaktien eine wichtige Rolle spielen, haben die den Minoritäten gesetzlich gewährten Schutzrechte stark eingeschränkt, ja sie praktisch nahezu beseitigt.

c) Schließlich sei als Rechtfertigungsgrund für das Beginnen, die aktienrechtlichen Minderheitsrechte zusammenzustellen und zu besprechen, angeführt, daß an der Gestaltung des deutschen Aktienrechtes und der Praxis des Aktienwesens heute ein viel größerer Teil des Publikums Interesse hat als früher. Breite Schichten des Mittelstandes, die vor dem Kriege festverzinsliche Papiere besaßen, sind in der Zeit der Auflösung unserer Währung nach dem Weltkriege, als sie sehen mußten, daß diese Vermögensteile fast völliger Entwertung anheimfielen, zum Erwerbe von Aktien übergegangen. Da es sich hierbei fast durchweg um Kleinaktionäre handelt, sind für sie die gesetzlichen Bestimmungen, welche den Minoritätenschutz regeln, von besonderem Interesse.

A. Der Minderheitenschutz im allgemeinen.

Die Aktiengesellschaft ist eine reine Kapitalgesellschaft[1]) und als solche eine nach rein kapitalistischen Grundsätzen gebildete juristische Person. Sie hat in der vom Gesetz für obligatorisch erklärten Generalversammlung ein oberstes Organ erhalten, zu dem sowohl Vorstand als auch Aufsichtsrat in einem ausgesprochenen Abhängigkeitsverhältnis stehen[2]). „Die Generalversammlung ist das das Rechtsleben der Aktiengesellschaft beherrschende Organ“[3]). Die Hauptentscheidung über die Geschicke des Vereins soll in ihren Händen liegen. Sie ist die Trägerin einer vom Gesetz garantierten originären Gewalt[4]). Das ist auch die noch heute herrschende Meinung[5]). In der Generalversammlung, die man wohl das Parlament der Aktien-Gesellschaft nennen kann, wird den Gesellschaftern, d. h. also denjenigen, die ihr Geld in das Unternehmen gesteckt haben, die Macht erteilt, auf die Verwaltung ihren Einfluß auszuüben.

---

[1]) Vgl. Lithauer-Mosse, S. 184.

[2]) RGE. Bd. 77, S. 272.

[3]) RGE. Bd. 63, S. 207.

[4]) Schon in den Motiven heißt es, „daß der Wille der Aktien-Gesellschaft seinen Ausdruck allein in der Generalversammlung findet.

[5]) Vgl. Staub-Pinner, Anm. 7 zu § 250; Eltzbacher, S. 169 f.; Lithauer-Mosse, S. 243.

Grundsätzlich entscheidet bei der Willensbildung der Generalversammlung gemäß § 251 HGB. das Majoritätsprinzip. Die Notwendigkeit einer ausschlaggebenden Bedeutung der Mehrheit der Generalversammlung wird so lange bestehen müssen, wie es eine kapitalistische Ordnung geben wird. Denn nur unter dieser Voraussetzung und Bedingung kann dem Kapitalisten zugemutet werden, sein Vermögen einem fremden Unternehmen anzuvertrauen[1]).

Daß der Aktionär im Verhältnisse seines Aktienbesitzes auf die Gesellschaft Einfluß ausüben darf, ist im System des Aktienrechtes tief begründet. Es ist aber einleuchtend, daß die schrankenlose Durchführung des Grundsatzes, nach dem die Mehrheit die Macht hat, die Minderheit zu zwingen, sich ihren Anordnungen zu fügen, für die Minderheit eine ungeheure Gefahr bedeuten würde. Einerseits könnte die Mehrheit ihre Machtposition mißbrauchen, indem sie Beschlüsse faßt, die nur ihren Mitgliedern Vorteile bringen, der Minorität und der Gesellschaft aber schaden. Andererseits kann die Mehrheit auch Handlungen unterlassen, zu deren Vornahme sie im Interesse der Gesellschaft verpflichtet ist. Vom Standpunkt der Gerechtigkeit ist es daher geradezu erforderlich, daß die Minderheit gegen die Möglichkeit eines solchen Mißbrauches der Mehrheitsmacht geschützt wird. Dem hat der Gesetzgeber entsprochen und diese Fragen in den im HGB. verstreuten sogenannten Minderheitsrechten geregelt. Der Zweck dieser Minderheitsrechte ist der Schutz der Korporation durch die Minderheit, abgesehen von den Rechten, die der Minderheit um ihrer selbst willen gewährt werden und so neben der Mehrheit auch der Minorität einen selbständigen Einfluß auf die Gesellschaftsangelegenheiten einräumen[2]).

Der Minderheit ist durch diese Rechte die Möglichkeit gegeben, durch positive Beschlußfassung in den Organismus der Aktien-Gesellschaft einzugreifen. Aber auch jene Fälle sind zu den Minderheitsrechten zu zählen, in denen das Gesetz zwingend die Forderung nach absoluter oder Dreiviertel-Mehrheit aufstellt. Hierbei ist zu beachten, daß laut Statut die rechtsgültige Beschlußbildung sogar von der Einstimmigkeit des vertretenen Kapitals in der Generalversammlung abhängig gemacht werden kann. Wenn auch diese kraft Gesetzes bestimmten Sicherheiten, die den Grundsatz der qualifizierten Mehrheit enthalten, nicht als unmittelbare Minoritätenrechte angesehen werden, so ist es dennoch einer

1) Rathenau, S. 31.
2) Fischer in Ehrenberg, S. 200/201.

Minderheit möglich, durch sie ausschlaggebend in der Generalversammlung zu wirken. Sie kann zwar einen positiven Beschluß der Generalversammlung nicht zuwege bringen, aber sie kann wenigstens verhindern, daß ein ihrem Willen entgegengesetzter Entschluß und Beschluß gefaßt wird. Man kann sie daher als negative Minderheitsrechte bezeichnen.

Bestritten ist, in welche Rechtsgattung die Minderheitsrechte einzureihen sind, ob unter die der Individual- und Sonderrechte oder der Vertretungs- und Schutzrechte.

Der Gesetzgeber nennt die Minderheitsrechte „Individualrechte"[1]. Mit Recht wird diese Bezeichnung für die Minderheitsrechte [2] allgemein abgelehnt; denn sie dienen nicht, zum mindesten nicht direkt, den Interessen des Einzelnen, sondern schützen das dauernde Gesamtinteresse des Vereins gegen den nackten Mehrheitswillen[3].

Auch der Ansicht, nach welcher die Minderheitsrechte zu den Sonderrechten zu rechnen sind, kann nicht beigepflichtet werden[4]. Unter Sonderrecht im Sinne des § 35 BGB. sind nur Vorrechte eines Mitgliedes oder einer Gruppe von solchen zu verstehen, nicht aber allgemein Mitgliedsrechte, die jedem zustehen, und die von jedem Aktionär geltend gemacht werden können.

Die Minderheitsrechte sind vielmehr als Schutzrechte gegen Vergewaltigung durch die Mehrheit und als Vertretungsrechte zu bezeichnen. Sie haben, wie bereits angedeutet, den Zweck, dann geltend gemacht zu werden, wenn die Mehrheit unter Hintansetzung der allgemeinen Gesellschaftsinteressen vorwiegend oder sogar allein ihre eigenen Vorteile berücksichtigt, um die Interessen der Gesellschaft sowie ihre eigenen, die in der Regel mit denen der Gesellschaft identisch sein werden, zu „vertreten". Sie bezwecken also den Schutz der Minorität gegen die Majorität und zugleich den Schutz der Gesellschaft, indem die betreffenden Minderheiten selbst dadurch zu Organen der Gesellschaft werden, daß ihnen auf Grund eigenen Vorgehens die Befugnis zusteht, gewisse Verwaltungshandlungen vorzunehmen[5].

---

1) Motive zur Aktiennovelle v. 1884, S. 235.
2) Staub-Pinner, Anm. 1 zu § 254, Anm. 9 zu § 250; Bachmann, S. 113; Alexander, S. 113; Lichtherz, S. 37.
3) Goldschmidt, S. 136.
4) Vgl. Staub-Pinner, Anm. 12 zu § 250, Bachmann, S. 28; Laband, S. 1487 ff.; Lehmann II, S. 206; RGE. 49, S. 151.
5) Vgl. Cosack, S. 510; Bachmann, S. 111.

B. Die Minderheitsrechte.

I. Positive Minderheitsrechte.

1. Das Recht der Minderheit, die Einberufung der Generalversammlung bzw. Ankündigung gewisser Punkte auf der Tagesordnung zu verlangen. (§ 254 HGB.)

Eines der bedeutendsten Minderheitsrechte ist den Aktionären im § 254 HGB. gegeben[1]). Es besteht darin, daß die Generalversammlung zu berufen ist, wenn Aktionäre, deren Anteile zusammen den 20. Teil des Grundkapitals erreichen, die Berufung schriftlich unter Angabe des Zweckes und der Gründe verlangen. Wenn in dem Gesellschaftsvertrage das Recht, die Berufung der Generalversammlung zu verlangen, an den Besitz eines geringeren Anteils am Grundkapital geknüpft ist, so hat es hierbei sein Bewenden.

Die Bedeutung dieses Rechtes liegt darin, daß die Minderheit durch dasselbe überhaupt erst in die Lage versetzt wird, auf die Verwaltungstätigkeit der ständigen Gesellschaftsorgane einen wirksamen Einfluß ausüben zu können[2]). Ohne diese Bestimmung wären die Aktionäre für den Fall, daß eine außerordentliche Generalversammlung stattfinden soll, von dem guten Willen der zuständigen Organe abhängig; da die Satzungen einer Aktien-Gesellschaft die Berufung der Generalversammlung meist nur einmal im Jahre zur Prüfung der Bilanz und Beschlußfassung über den Reingewinn vorschreiben. Denn nur, „wenn das Gesellschaftsinteresse es erfordert", ist diesen die Einberufung einer Generalversammlung zur Pflicht gemacht. Wann dies aber der Fall ist, ist sehr bestritten[3]). Häufig wird es im Interesse der Gesellschaft liegen, eine Generalversammlung zu berufen; aber vielleicht gerade bei kritischer Geschäftslage, oder wenn die Geschäftsleiter befürchten müssen, sich irgendwelchen Regreßansprüchen auszusetzen, werden sie es zu vermeiden suchen, diese Pflicht zu erfüllen. Um diese Gefahr zu beseitigen, hat der Gesetzgeber die Abhängigkeit der Gesellschafter aufgehoben.

Wichtig wird die Vorschrift auch im Hinblick darauf, daß das im § 254 den Gesellschaftern verbürgte Recht die Voraussetzung für die Geltendmachung weiterer Minder-

---

1) Vgl. Däumling, S. 28, Losenhausen, S. 48.
2) Vgl. Staub-Pinner, § 254 Anm. 2.
3) Vgl. hierzu Staub-Pinner, Anm. 4 zu § 253 HGB.

heitsrechte bildet, wie z. B. die Bestellung von Revisoren, die von der Minderheit gefordert werden kann, wenn in der Generalversammlung ein diesbezüglicher Antrag abgelehnt worden ist.

Der Antrag auf Einberufung der Generalversammlung ist von der Minderheit in schriftlicher Form unter Angabe des Zweckes und der Gründe zu stellen und von allen Antragstellern zu unterschreiben. Sie müssen weiter den Nachweis erbringen, daß sie im Besitze entweder des vom Gesetz bestimmten 20. Teiles oder des durch die Satzung festgesetzten geringeren Betrages des Aktienkapitals sind. Auch ein einziger Aktionär kann den Antrag stellen, wenn er die erforderliche Anzahl Aktien besitzt. Eine Regelung über die Führung des Nachweises enthält das Gesetz nicht. Es genügt bei Namensaktien die Berufung auf das Aktienbuch, bei Inhaberaktien findet in der Praxis gewöhnlich Hinterlegung statt. Der Nachweis kann aber auch anders als durch Vorlegung der Aktien geführt werden, insbesondere dann, wenn Aktienurkunden nicht ausgegeben worden sind [1]). Aus dem Schweigen des Gesetzes darf nicht der Schluß gezogen werden, daß für den zu führenden Nachweis irgendwelche für die Aktionäre erschwerende Bestimmungen getroffen werden dürfen.

Die Hinterlegung der Aktien kann nicht gefordert werden, wenn diese eine Erschwerung der Ausübung des Rechtes der Gesellschafter bedeuten würde. Es muß der Gesellschaft vielmehr jeder sichere Nachweis der Aktiengesellschaft, z. B. Depotschein in einer Bank, genügen. Notwendig ist jedoch, daß der Aktienbesitz zur Zeit der Beschlußfassung noch besteht [2]). Das Gesetz hebt ausdrücklich hervor, daß das Recht, die Berufung der Generalversammlung zu verlangen, in der Satzung auch an eine geringere Quote des Aktienbesitzes geknüpft werden kann. Diesbezügliche Erschwerungen sind daher unzulässig [3]). Daraus, daß der Gesetzgeber nur die vorstehend genannte Erleichterung als zulässig anerkannt hat, ist zu folgern, daß er Erleichterungen anderer Art der Bestimmung durch die Satzung nicht überlassen wollte. Die Richtigkeit dieser Folgerung beweist auch die Geschichte der Vorschrift des § 254 HGB., aus der hervorgeht, daß der Gesetzgeber die unbedingte Verpflichtung der Gesellschaftsorgane, bei jedem Minderheitsverlangen eine Generalversammlung zu berufen, beseitigen wollte, „um

---

[1]) RJA., 9 S. 44.
[2]) Staub-Pinner, § 254 Anm. 8; Joseph, DJZ. 1905, S. 1097.
[3]) Lithauer-Mosse, Anm. 3 zu § 254.

möglichst Schikane, die Verfolgung von Sonderinteressen und sonstigen Schädigungen der Gesellschaft auszuschließen"[1]. So sagt auch Lehmann-Ring mit Recht, daß ebenso wie erschwerende Abweichungen unzulässig sind, auch — abgesehen von der schon hervorgehobenen — erleichternde ebenfalls vermieden werden müssen, weil das Gesetz die Ausübung des Rechtes an bestimmte Voraussetzungen knüpft, um im allgemeinen Interesse einer mutwilligen oder gewinnsüchtigen Ausnützung der Befugnis vorzubeugen[2]. Alle anderen Ansichten dürften daher unzutreffend sein, so auch die von Makower, der annimmt, daß man es hier nicht mit einer Minimalvorschrift zu tun habe, und demgemäß jede statutarische Erleichterung der Ausübung gültig sei[3].

Sehr bestritten ist die Frage, an wen der Antrag auf Einberufung einer Generalversammlung zu richten ist. Der Ansicht[4], daß das Verlangen an die Gesellschaft zu Händen des Vorstandes genügt, kann nicht beigetreten werden, da dem schon der Gesetzestext widerspricht; hier heißt es: „Wird dem Verlangen weder durch den Vorstand noch durch den Aufsichtsrat entsprochen, so kann das Gericht die Aktionäre ... zur Berufung der Generalversammlung ermächtigen." Daraus geht hervor, daß der Antrag an den Vorstand, bei Ablehnung durch diesen an den Aufsichtsrat und erst dann an das zuständige Gericht zu stellen ist. Auch in der Denkschrift heißt es, daß erst, nachdem der Antrag sowohl beim Vorstand als auch beim Aufsichtsrat vergeblich gestellt worden ist, das Gericht angerufen werden soll[5].

Sofern der Antrag der Minderheit nicht Zweck und Gründe enthält, kann er sowohl von den Gesellschaftsorganen, als auch vom Gericht zurückgewiesen werden. Hierdurch wird aber nicht die Befugnis ausgeschlossen, auf eine Verbesserung oder Vervollständigung des Antrages hinzuwirken. Wird dem Verlangen innerhalb einer den Umständen nach angemessenen Frist durch die Gesellschaft nicht entsprochen, so kann das Amtsgericht, in dessen Bezirk die Gesellschaft ihren Sitz hat, die Aktionäre, welche das Verlangen gestellt haben, auf ihren Antrag zur Berufung der Generalversammlung ermächtigen (§ 254 Abs. 3 HGB.). Der Antrag ist bei dem Gerichte schriftlich oder zu Protokoll unter Angabe des Zwecks und der Gründe zu stellen. Die Antragsteller haben nachzuweisen, daß sie das erforderliche Aktienkapital

---

[1] Mot. zum Aktiengesetz von 1884 II, S. 166.
[2] S. S. 2.
[3] S. S. 2.
[4] So: Staub-Pinner, Anm. 11 zu § 254 HGB.; Brand, S. 649.
[5] Denkschrift 1897, S. 143.

besitzen, und daß in dem in der vorgeschriebenen Weise an die Gesellschaft gerichteten Verlangen nach Berufung der Generalversammlung nicht entsprochen worden ist. Das Gericht hat die Antragsteller zu hören [1]) und von Amtswegen die zur Feststellung des Sachverhalts erforderlichen Ermittlungen zu veranstalten sowie die geeignet erscheinenden Beweise aufzunehmen [2]).

Dem Antrage braucht dann nicht entsprochen zu werden, wenn er offenbar mißbräuchliche oder rechtswidrige Zwecke verfolgt [3]), wenn ferner Schikane vorliegt, z. B. dann, „wenn schon auf mehreren hintereinander folgenden Generalversammlungen und zuletzt erst kurz vorher die Minderheit denselben Zweck vergebens erstrebt und sich seitdem nicht geändert hat, auch nichts im Aktienbesitz der Mehrheit, der in denselben Händen geblieben ist“ [4]). Diese Grundsätze werden nicht nur für das Gericht maßgebend sein, sondern auch auf die Gesellschaftsorgane ausgedehnt werden können, die sich zuerst mit dieser Frage zu beschäftigen haben, nämlich den Vorstand und den Aufsichtsrat, so daß auch diese, wenn die obigen Voraussetzungen gegeben sind, und der Antrag ungerechtfertigt erscheint, die Einberufung der Generalversammlung ablehnen können [5]).

Das Gericht entscheidet über den Antrag nach sachlicher Prüfung in freiem Ermessen. In der Regel wird es, wenn nicht die vorhin erwähnten genannten Fälle der Schikane usw. vorliegen, dem Antrage entsprechen, da es ja oft gar nicht in der Lage ist, die wirtschaftlichen Zusammenhänge in den einzelnen Gesellschaften so genau zu beurteilen, um ermessen zu können, ob die Einberufung einer Generalversammlung tatsächlich notwendig ist oder nicht. Einen wahrscheinlichen Erfolg und die wirtschaftliche Zweckmäßigkeit hat das Gericht daher auch nicht zu berücksichtigen [6]).

Wird von dem Gericht die Ermächtigung zur Berufung der Generalversammlung erteilt, so kann es gleichzeitig über die Führung des Vorsitzes in derselben Bestimmung treffen, sowie auch darüber, innerhalb welcher Frist von der Ermächtigung zur Berufung der Generalversammlung Ge-

[1]) § 146 Abs. 1 FGG.
[2]) § 12 FGG.
[3]) Denkschrift S. 144; auch Kammergericht, Entschdg. vom 15. 10. 1904 in der Dtsch. JZ. Jhrg. 1904, S. 1025.
[4]) Horrwitz, S. 295. „Das Recht der Generalversammlungen der Aktiengesellschaften“ usw.
[5]) Derselbe, a. a. O., S. 69.
[6]) Lithauer-Mosse, Anm. 4 zu § 254 HGB.

brauch gemacht werden muß[1]). Gemäß § 254 Abs. 3 HGB. muß bei der Berufung auf die gerichtliche Ermächtigung Bezug genommen werden, andernfalls sind die in der Versammlung gefaßten Beschlüsse anfechtbar.

Gegen die Entscheidung des Gerichts können sowohl die Gesellschaftsorgane wie die Minderheit sofortige Beschwerde einlegen[2]).

Statt der Berufung der Generalversammlung können die Aktionäre in der oben dargelegten Art und Weise auch verlangen, daß Gegenstände zur Beschlußfassung einer Generalversammlung angekündigt werden[3]). Hier gelten dieselben Bestimmungen hinsichtlich der Anrufung des Gerichts im Falle der Weigerung der Gesellschaftsorgane, die Ankündigung vornehmen zu wollen, hinsichtlich der Entscheidung des Gerichts usw. wie bei dem erstgenannten Rechte.

Während im früheren Rechte nichts darüber bestimmt war, wer die durch die Geltendmachung des Minderheitsrechtes entstehenden Kosten tragen muß, und man daher annahm, daß sie der Aktien-Gesellschaft aufzuerlegen seien, schreibt heute das Gesetz im § 254 Abs. 4 HGB. vor, daß in allen Fällen, in denen auf Verlangen von Aktionären oder mit gerichtlicher Ermächtigung durch sie selbst die Berufung einer Generalversammlung oder die Ankündigung von Gegenständen zur Beschlußfassung erfolgt, die Generalversammlung darüber Beschluß faßt, ob die Kosten von der Gesellschaft getragen werden sollen. Erfolgt durch diese keine Beschlußfassung, so fallen die Kosten der Minderheit zur Last, die allerdings ein Recht auf diesbezügliche Beschlußfassung hat[4]). Die Aktionäre, auf deren Veranlassung die Berufung der Generalversammlung oder die Ankündigung von Gegenständen zur Beschlußfassung stattgefunden hat, sind nicht berechtigt, von der Gesellschaft im Wege der Klage Erstattung der Kosten zu verlangen, selbst wenn sie nachweisen können, daß die von ihnen erwirkten Maßnahmen der Gesellschaft Nutzen gebracht oder Schaden von ihr abgewendet haben[5]). Dem Gericht steht keine Befugnis zu, über den Kostenpunkt zu entscheiden. Gegen eine trotzdem etwa getroffene Entscheidung ist gemäß § 146 FGG. die sofortige Beschwerde gegeben.

Die Regelung der Kostenfrage, bei der die Minderheit vollkommen auf die Gewogenheit der Generalversammlung

---

[1]) Staub-Pinner, Anm. 20 zu § 254 HGB.
[2]) § 146 FGG.
[3]) § 254 Abs. 2 HGB.
[4]) und [5]) Staub-Pinner, § 254 HGB., Anm. 25.

angewiesen ist, wird die Aktionäre sicher vor voreiligen Anträgen zurückhalten. Es kann aber nicht verkannt werden, daß die vollkommen der Generalversammlung überlassene Regelung der Kostenfrage eine starke Einschränkung, wenn nicht nahezu die Aufhebung des Rechts auf Berufung und Ankündigung bedeutet.

2. Das Recht der Minderheit auf Bestellung von Revisoren.

Da die Aktionäre von der geschäftlichen Lage der Gesellschaft im allgemeinen nur soviel erfahren, als Vorstand und Aufsichtsrat zur Kenntnis der Gesellschaft bringen, ist es möglich, daß sie über den Stand der Dinge im Unklaren erhalten und dadurch an einem zur Wahrung ihrer Interessen erforderlichen Eingreifen in die Angelegenheiten der Gesellschaft verhindert werden. Man hat ihnen daher, allerdings nur in beschränktem Umfange, das Recht eingeräumt, durch von Vorstand und Aufsichtsrat unabhängige Personen Untersuchungen darüber anzustellen, ob die Gesellschaft in irgend einer Hinsicht geschädigt oder irregeführt worden ist. Es wird somit den Aktionären die Möglichkeit gegeben, Schaden, der noch zu vermeiden ist, abzuwehren oder Schritte zur Verfolgung von Schadensersatzansprüchen gegen die Gesellschaft zu tun [1]).

Gemäß § 266 HGB. kann die Generalversammlung mit einfacher Mehrheit die Bestellung von Revisoren zur Prüfung der Bilanz oder zur Prüfung von Vorgängen bei der Gründung oder der Geschäftsführung beschließen. Sofern dies auf Antrag des Vorstandes oder einer Aktionärgruppe geschieht, wird in der Regel aus dem Kreise der Versammlung eine sogenannte Revisionskommission bestellt [2]).

Wenn ein dahingehender Antrag der Minorität von der Mehrheit abgelehnt wird, kann die Minderheit, sofern ihr Aktienbesitz 10% des Grundkapitals beträgt, das zuständige Gericht um Ernennung von Revisoren angehen [3]). Dieses sogenannte Untersuchungsrecht ist im Gegensatz zu den anderen Minderheitsrechten, da es nur geltend gemacht werden kann, wenn die Generalversammlung einen Antrag auf Bestellung von Revisoren zur Prüfung eines Vorganges bei der Gründung oder eines nicht länger als 2 Jahre zurückliegenden Vorganges abgelehnt hat, subsidiärer Natur.

---

[1]) Vgl. Bachmann, S. 116 f.
[2]) Vgl. Staub-Pinner, § 266 Anm. 3.
[3]) § 266 Abs. 2 HGB.

Die Tätigkeit der auf Grund des Minderheitsrechtes berufenen Revisoren ist gegenüber den Befugnissen der von der Majorität ernannten Kommission beschränkt, indem:

1. sie wohl zur Prüfung eines Aktes der Gründung oder Geschäftsführung, nicht aber auch der Bilanz bestellt werden [1]), und

2. die Prüfung sich nur auf solche Vorgänge aus der Geschäftsführung erstrecken darf, die nicht mehr als zwei Jahre zurückliegen.

Während nämlich in Absatz 1 des § 266 HGB. auch noch die Bestellung von Revisoren zur Prüfung der Bilanz erwähnt ist, wird in Absatz 2 eine Befugnis hierzu der Minderheit nicht zugesprochen. Daraus ist zu folgern, daß für den Fall, die Bilanz solle Gegenstand der Prüfung sein, ein Beschluß der Mehrheit erforderlich ist: infolgedessen hat es, wenn der Antrag auf Prüfung der Bilanz abgelehnt ist, dabei sein Bewenden [2]). Bestritten ist jedoch, ob die Satzungen der Minderheit das Recht gewähren dürfen, die Bestellung von Revisoren zu verlangen. Wie allgemein ein Gesellschaftsvertrag Vorschriften über die Bestellung von Revisoren zur Prüfung der Bilanz enthalten kann, so wird man ebenso anerkennen dürfen, daß dieses Recht im Statut auch der Minderheit eingeräumt werden kann [3]).

Das Gesetz kennt jedenfalls die beiden oben genannten Fälle. Die richterliche Ernennung setzt voraus, daß der in der Generalversammlung gestellte Antrag, der ausdrücklich auf Bestellung von Revisoren zur Prüfung eines bestimmten Vorganges in der Geschäftsführung gerichtet sein muß, abgelehnt worden ist. Es kann nicht beantragt werden, „die Gründung" zu prüfen; denn der § 266 faßt in Übereinstimmung mit den tatsächlichen Verhältnissen die Gründung als einen Komplex von Vorgängen auf. Ebenso ist es auch unzulässig, zu beantragen, „die Geschäftsführung des letzten Jahres" zu untersuchen [4]), oder einen Geschäftsführungsvorgang, der länger als 2 Jahre zurückliegt. Die Vereitelung der Beschlußfassung über einen Antrag auf Bestellung von Revisoren im Sinne des

---

[1]) OLG. Bd. 3, S. 84, ebenso Staub-Pinner, § 266 Anm. 6 und Horrwitz a. a. O., S. 299.

[2]) Vgl. Staub-Pinner, Anm. 6 u. 8 zu § 266; Lithauer-Mosse, Anm. 2 zu § 266; OLG., Bd. 3.

[3]) Gleicher Ansicht Lehmann-Ring, Nr. 2 zu § 266; Makower, S. 615; Goldmann, S. 1102.

[4]) OLG.. Bd. 9, S. 263; Bd. 3, S. 84/85.

Gesetzes durch den Leiter der Versammlung ist der Ablehnung gleich zu achten [1]).

Von der Minderheit ist ferner glaubhaft zu machen, daß bei dem Vorgange Unredlichkeiten oder grobe Verletzungen des Gesetzes oder des Gesellschaftsvertrages stattgefunden haben [2]). Liegt offenbar Schikane vor, sind also beispielsweise die beanstandeten Vorgänge zweifellos einwandfrei, so ist der Antrag abzuweisen. Das Gleiche gilt, wenn die Gesellschaft durch das Prüfungsergebnis sicher geschädigt wird, wenn etwa die Prüfung von Patentverletzungen verlangt wird, deren sich die Gesellschaft schuldig gemacht hat, die der Patentinhaber aber noch nicht erfahren oder gerügt hat. Die Ausübung des gesamten Rechtes darf nie dazu beitragen, Dritten Informationen zu verschaffen, vor allem nicht zur Begründung von Ansprüchen gegen die Gesellschaft [3]).

Der Antrag auf Bestellung von Revisoren braucht nicht gerade von denen gestellt zu sein, die beim Gericht die Bestellung beantragen [4]). Ebensowenig brauchen die Antragsteller überhaupt in der betreffenden Generalversammlung zugegen gewesen zu sein, da das Gesetz ja als Erfordernis nur aufstellt, daß ein ablehnender Generalversammlungsbeschluß vorliegt. Eine die Identität anordnende Bestimmung, wie sie § 254, Abs. 3 HGB. enthält, fehlt der Vorschrift des § 266 offenbar mit Absicht vollkommen. Gerade solche Aktionäre nämlich, die in der Generalversammlung gegen die Bestellung von Revisoren gestimmt haben, werden, wenn sie nach ihrer Abstimmung belehrt werden, das Bedürfnis haben, ihre Abstimmung möglichst schnell zu korrigieren [5]).

Handelt es sich um die Prüfung eines Vorganges bei der Gründung, so spielt es keine Rolle, wie lange diese zurückliegt, d. h. rückwärts von der Generalversammlung gerechnet, in welcher der Antrag auf Prüfung durch Revisoren abgelehnt worden ist. Die diesbezügliche Kontrolle eines Gründungsvorganges ist auch nicht an die fünfjährige Verjährungsfrist des § 206 HGB. [6]) gebunden. Noch

---

[1]) Vgl. Staub-Pinner, Anm. 8 zu § 266.

[2]) Beweisaufnahmen, die sofort erfolgen können, sind hierbei zulässig, RGE. Bd. 10, S. 322.

[3]) Horrwitz, a. a. O., S. 302.

[4]) So auch Staub-Pinner, Anm. 8 zu § 266; Lithauer-Mosse, Anm. 3 zu § 266; J. W. 03, S. 244.

[5]) Vgl. Horrwitz, a. a. O., S. 299.

[6]) Zu vergleichen Pinner „Aktienrecht", S. 222; Staub-Pinner, Anm. 8 zu § 266 HGB.

30 Jahre nach der Gründung und später können in diesem Falle Revisoren bestellt werden. Auch dadurch wird die Bestellung nicht unzulässig, daß der Gesamthergang der Gründung seinerzeit selbst durch gerichtlich bestellte Revisoren geprüft worden ist (§ 192, Abs. 2 und 3 HGB. [1]). Wohl aber kann für das Gericht der Ablauf der fünfjährigen Verjährungsfrist des § 206 HGB. ein Erwägungsgrund bei der Frage der Zweckmäßigkeit des Antrages sein, doch ist er kein absoluter Ablehnungsgrund, insbesondere weil aus der Gründung noch andere Ansprüche außer den in § 202 HGB. vorgesehenen und nach § 206 HGB. verjährenden entstehen können, und es außerdem ja auch möglich sein kann, daß die Verjährung unterbrochen ist [2]). Im Gegensatz zu dem eben behandelten Falle dürfen, wenn der Antrag zwecks Prüfung bestimmter Vorgänge in der Geschäftsführung gestellt worden ist, die betreffenden Vorgänge nicht länger als zwei Jahre hinter der Generalversammlung, in der die beantragte Revisorenbestellung abgelehnt worden ist, zurückliegen [3]). Für die Berechnung der Frist sind die §§ 187, Abs. 1, 188 Abs. 2 BGB., maßgebend. Hat z. B. der Vorstand für die Gesellschaft am 12. August 1926 einen Vertrag geschlossen, so kann ein Antrag auf Bestellung von Revisoren zur Püfung dieses Vertragsschlusses nur gestellt werden, wenn die Prüfung in einer Generalversammlung beantragt wird, die spätestens am 12. August 1928 stattfindet.

Die den Prüfungsantrag stellende und 10% des Grundkapitals betragende Minorität hat die Aktien bis zur Entscheidung über den Antrag zu hinterlegen und glaubhaft zu machen, daß sie seit mindestens 6 Monaten, von der Generalversammlung zurückgerechnet, Besitzer der Aktien ist [4]). Es ist nicht unbedingt erforderlich, daß die Hinterlegung der Aktien der Stellung des Antrages vorangeht; vielmehr können die Antragsteller das Gericht um Anordnung der Hinterlegung für den Fall ersuchen, daß es die sonstigen Voraussetzungen des Antrages für vorliegend erachtet[5]). Die Hinterlegung hat bei der Gesellschaft oder den amtlichen Hinterlegungsstellen zu erfolgen. Es genügt nicht, daß die Aktien bei einem Notar hinterlegt werden, da eine dem § 255 Abs. 2 Satz 2 HGB. entsprechende Bestimmung

---

[1]) Horrwitz, a. a. O. S. 301.
[2]) Vgl. Pinner „Aktienrecht“ S. 222.
[3]) So auch Goldmann S. 1103; Staub-Pinner Anm. 8 zu § 266; Pinner „Aktienrecht“, S. 223.
[4]) § 266 Abs. 3 HGB.
[5]) Vgl. Rehfeldt, S. 24 Anm. 2.

fehlt. Da die Hinterlegung der Aktien nicht zur Sicherung der Gesellschaft gegen einen ihr aus der Bestellung der Revisoren erwachsenden Schaden dient, sondern nur die Gewähr dafür bieten soll, daß die Antragsteller auch wirklich Aktionäre sind, so endigt sie, sobald die Entscheidung des Gerichts erfolgt ist, gleichgültig, ob sie dem Antrage stattgibt oder ihn ablehnt. Sofern aber die Entscheidung des Amtsgerichts mit der sofortigen Beschwerde bzw. die Entscheidung des Beschwerdegerichts mit der weiteren Beschwerde angefochten wird[1]), müssen die Aktien bis zur endgültigen Entscheidung hinterlegt bleiben.

Die Glaubhaftmachung des sechsmonatlichen Besitzes, zurückgerechnet von der Generalversammlung, kann durch jedes Beweismittel, die Eideszuschiebung ausgenommen, erfolgen. Es kann aber jeder Beteiligte zur Versicherung an Eidesstatt zugelassen werden[2]). Auch können zur Stelle geschaffte Beweise erhoben, vor allem Zeugen vernommen werden [3]). Das Gesetz spricht zwar von Besitzern der Aktien, meint damit aber Aktionäre. Es genügt daher nicht der Nachweis des Besitzes, vielmehr ist erforderlich, nachzuweisen, daß man sechs Monate Aktionär, also Eigentümer der Aktie ist[4]). Diese Bestimmung ist getroffen, um die Aktien-Gesellschaft unter anderem z. B. davor zu sichern, daß mit geliehenen Aktien Börsenmanöver begünstigt und dadurch Kursbewegungen eingeleitet werden, die der Führung und dem Ruf der Gesellschaft abträglich sein könnten[5]). Nicht anzurechnen ist daher die Zeit, während welcher der Antragsteller als Nießbraucher, als Pfandgläubiger oder als Darlehnsnehmer die „Aktien" besessen hat, andererseits ist die Zeit zu berücksichtigen, während welcher der Eigentümer die Aktien nicht besessen hat, weil er sie verpfändet, verliehen oder zum Nießbrauch gegeben hatte. Bei der Berechnung des sechsmonatlichen Besitzes wird dem Erben auch die Besitzzeit des Rechtsvorgängers zugerechnet, ebenso einem Vermächtnisnehmer die Zeit des Eigentumsbesitzes des Erblassers. Es braucht also nur glaubhaft gemacht zu werden, daß der Vorgänger die Aktie vor mindestens 6 Monaten erworben hat. Handelt es sich dagegen um Singularsukzession, so trifft diese Berechnung nicht zu[6]). Ausnahms-

---

[1]) Vgl. §§ 146 Abs. 2, 27 ff. FGG.

[2]) Vgl. § 294 ZPO., § 15 Abs. 2 FGG.

[3]) Vgl. RGE., Bd. 10, S. 322.

[4]) Vgl. Staub-Pinner Anm. 12 zu § 266; Lubzsinski S. 22; a. A. Horrwitz a. a. O., S. 306.

[5]) Methner-Hoffmann, S. 76.

[6]) Behrend § 127a, Anm. 15 und sich ihm anschließend Staub-

weise wird sich, dem Sinn und Grund des Gesetzes entsprechend, der Eigentümer auch die Zeit seines gutgläubigen Besitzes zurechnen können, also die Zeit, wo er in gutem Glauben als Eigentümer die Aktien zu besitzen meinte, während er in Wahrheit nicht Eigentümer war. Bestritten ist die Frage, ob bei Namensaktien die sechsmonatliche Eintragung erforderlich ist. Staub [1]) meint, die Eintragung ins Aktienbuch braucht nicht mit Beginn der sechs Monate erfolgt zu sein, da ein solches Erfordernis nicht aus dem Wortlaute des Gesetzes hervorgehe; es genüge daher, daß der Antragsteller zur Zeit des Antrages eingetragen war. Gleicher Meinung sind auch Esser [2]) und Pinner [3]) sowie Horrwitz [4]). Dieser Ansicht ist beizupflichten. Die Eintragung hat keine konstitutive, sondern nur deklaratorische Wirkung. Schon durch die Abtretung, verbunden mit der Übergabe wird das Eigentum an der Aktie erworben und die Aktionäreigenschaft des Erwerbers begründet. Die Übertragung der Aktien ist als von der Eintragung des Aktionärs ins Aktienbuch völlig unabhängig. Demnach ist die Eintragung nur zu Legitimationszwecken erforderlich, nicht aber für die Glaubhaftmachung sechsmonatlichen Eigentums, so daß also zur Ausübung des Minderheitsrechtes die Glaubhaftmachung sechsmonatlichen Eigentums, genügt. In der Regel wird man es sogar als genügend ansehen können, wenn der Antragsteller sein gegenwärtiges Eigentum vor Beginn der sechsmonatlichen Frist nachweist; denn es ist nicht zu vermuten, daß in der Zwischenzeit eine Veränderung des Eigentums stattgefunden hat, wenn nicht besondere Gründe für diese Annahme vorliegen[5]).

Besteht die Gesellschaft in dem Zeitpunkte, in welchem die Generalversammlung den Antrag auf Bestellung von Revisoren ablehnt, noch nicht sechs Monate, so braucht nur glaubhaft gemacht zu werden, daß der betreffende Aktionär der Gesellschaft seit ihrer Entstehung als Mitglied angehört, und zwar auf Grund derselben Aktien [6]). Jedoch dürfte die Frage, ob von der Glaubhaftmachung sechsmonatlichen Eigentums abzusehen ist, wenn die Minderheit mit Aktien, die auf Grund einer Kapitalserhöhung ausgegeben

---

Pinner Anm. 12 zu § 266; Horrwitz a. a. O., S. 300; anders Wulff in LZ. 1911, S. 200, der auch für die Einzelrechtsnachfolge die Besitzzeit des Besitzvorgängers hinzuzählt.

[1]) Staub-Pinner, a. a. O., Anm. 12.

[2]) S. 150.

[3]) Aktienrecht, § 266 IIII 1 d.

[4]) S. 300.

[5]) Vgl. Lubszinski, S. 22; Kayser, S. 135 Note 8; Ring S. 474.

[6]) Vgl. Staub-Pinner, Anm. 13 zu § 266.

sind, die Untersuchung beantragt, zu verneinen sein. Der Umstand, daß die Zeit des Besitzes seit der Entstehung der Aktien-Gesellschaft als genügend angesehen wird, dürfte kaum den Schluß zulassen, die hier aufgeworfene Frage in analogem Sinne zu behandeln[1]).

Vor der Ernennung von Revisoren hat das Gericht von Amts wegen alle vorstehend erörterten Voraussetzungen zu prüfen, die notwendigen Ermittlungen anzustellen und, sofern dies tunlich ist, den Vorstand und Aufsichtsrat zu hören[2]). Es kann sich auch mit der Ernennung eines Revisors begnügen. Jedoch kann das Gericht den Antrag auch ohne Anhörung der Gesellschaftsorgane ablehnen, wenn es ihn für unbegründet hält. Die Ernennung der Revisoren kann vom Gericht selbst oder auf Antrag der Gesellschaft (nicht etwa der Personen, gegen die vorgegangen werden soll, da nicht diese, sondern die Gesellschaft als Antragsgegner anzusehen ist), von einer nach freiem Ermessen zu bestimmenden Sicherheitsleistung abhängig gemacht werden.[3]) Die Sicherheit soll für die Kosten des Verfahrens sowie den der Gesellschaft durch den Antrag zugefügten Schaden haften, insbesondere soweit der Gesellschaft ein Anspruch aus § 267 Abs. 3 HGB. zusteht, nicht dagegen ohne weiteres für allen entstehenden Schaden ohne den Nachweis einer an sich begründeten Schadensersatzpflicht. Es ist zulässig, die Sicherheit im Laufe des Verfahrens, sofern die Umstände es erheischen, zu erhöhen[4]). Sie kann auch in Aktien der Gesellschaft bestehen [5]).

Im Gesetz heißt es, daß beim Vorliegen der genannten Voraussetzungen Revisoren ernannt werden „können". Soll dieses „können" nun bedeuten, daß die Ernennung der Revisoren in das freie Ermessen des Gerichts gestellt ist? Behrend [6]) und Lubsczinski [7]) sowohl, wie auch Petersen und Pechmann [8]) nehmen so, allerdings mit Unrecht, an. Schon die Motive zum Aktiengesetz von 1864 sind der Ansicht, der auch zu folgen ist, daß das Gericht beim Vorliegen der

---

[1]) Vgl. Staub-Pinner a. a. O.; a. A. Ritter Anm. 3 zu § 266; Brand, Anm. 3 d.

[2]) Wenn es im Gesetz heißt „hören". so ist das nicht wörtlich aufzufassen, auch schriftliche Erklärung der beiden Organe genügt.

[3]) Vgl. Staub-Pinner, Anm. 15 zu § 266.

[4]) A. A. allerdings Petersen und Pechmann (Gesetz betr. die Kom.-Ges. a. A. und A.-G. v. 1884).

[5]) Vgl. K. B. zum Aktien-Ges. v. 1884, S. 92; RGE. Bd. 37, S. 113; Lithauer-Mosse, Anm. 7 zu § 266; Staub-Pinner, a. a. O.

[6]) § 127 a. Anm. 16 S. 67.

[7]) S. 28.

[8]) S. 438.

gesetzlichen Voraussetzungen die Anordnung zu treffen hat. Denn der Gesetzgeber hat jene im Gesetz genannten Voraussetzungen, nicht um die Entscheidung über den Antrag dem freien Ermessen des Richters anheimzugeben, aufgestellt, sondern um es dem Gericht bei Vorliegen derselben zur Pflicht zu machen, dem gestellten Verlangen auch nachzukommen[1]).

Völlig freie Hand ist hingegen dem Gericht hinsichtlich der zu Revisoren zu ernennenden Personen gelassen. Es ist weder an die ihm etwa von der Gesellschaft, noch an die von der Minderheit vorgeschlagenen Personen, gebunden. Allerdings dürfte der Richter sorgfältig darauf bedacht sein müssen, auch wirklich geeignete Persönlichkeiten zu bestellen. Bedenklich erscheint es, Revisoren aus den Kreisen der Aktionäre oder Mitglieder des Aufsichtsrates zu ernennen, da diese an der Angelegenheit zu sehr interessiert sind, um objektiv genug urteilen zu können. Am besten wird sich das Gericht an die Vertretung des Handelsstandes wenden.

Eine Pflicht zur Annahme des Revisorenamtes besteht nicht. Es können daher auch keine Strafen gegen eine die Annahme verweigernde Person verhängt werden. Die Revisoren lassen sich nämlich nicht mit Sachverständigen vergleichen, da es sich hier bei der Revisorentätigkeit um einen Bericht handelt, den die Revisoren einer privaten, mit keinerlei öffentlich-rechtlicher Funktion betrauten Gesellschaft geben, wohingegen ein Sachverständigen-Gutachten einer staatlichen Behörde zu erstatten ist. Hinzu kommt, daß es sich hier um Akte der freiwilligen Gerichtsbarkeit handelt, für welche die Vorschriften der ZPO. nicht maßgebend sind[2]).

Mit der Ernennung hört die Tätigkeit des Gerichts auf. In die Tätigkeit der Revisoren hat es sich nicht einzumischen, auch diese nicht zu überwachen. Ebensowenig wird vom Gericht untersucht, ob die behauptete Unredlichkeit wirklich stattgefunden hat [3]). In zwei Fällen nur wird das Gericht noch einmal tätig werden, einmal wenn es sich um den Ersatz eines durch den Tod oder sonst weggefallenen Revisors handelt und wenn eine Zurücknahme der Ernennung in Frage kommt. Das Gesetz sieht diese beiden Möglichkeiten nicht vor. Bei Eintritt eines der beiden Fälle wird ein einfacher

---

[1]) So auch Staub-Pinner, Anm. 14 zu § 266; Pinner, § 266 III 2 a; Lehmann-Ring Nr. 10.

[2]) Vgl. hierzu Lubszinski, S. 29.

[3]) Staub-Pinner, Anm. 16 zu § 266.

Antrag der Personen genügen, auf deren Veranlassung die erste Ernennung erfolgt ist [1]).

Die Tragung der durch den Antrag entstehenden Kosten liegt zunächst der Minderheit ob. Auch wegen einer den Revisoren für ihre Tätigkeit zu gewährenden Vergütung haben sie das Erforderliche zu vereinbaren[2]). Die Generalversammlung beschließt sodann, ob die entstandenen Kosten von der Gesellschaft zu tragen sind. Erklärt sich die Generalversammlung zur Übernahme der Kosten durch die Aktien-Gesellschaft bereit, so haben die Antragsteller einen klagbaren Anspruch auf Ersatz ihrer Aufwendungen. Faßt die Generalversammlung keinen Beschluß, oder lehnt sie die Tragung der Kosten durch die Gesellschaft ab, so haben die Antragsteller genau wie im § 254 keinen Anspruch gegen die Gesellschaft auf Erstattung der Kosten, selbst wenn sich die Revision für die Interessen der Gesellschaft förderlich erwiesen hat. Sofern der Antrag auf Ernennung von Revisoren vom Gericht zurückgewiesen wird oder sich nach dem Ergebnisse der Prüfung als unbegründet erweist, haften die Aktionäre, denen eine bösliche Handlungsweise zur Last fällt, gesamtschuldnerisch für den der Gesellschaft durch ihr Vorgehen entstehenden Schaden.

Als bösliche Handlungsweise ist einerseits das Bewußtsein anzusehen, daß die Stellung des Untersuchungsantrages unbegründet war, andererseits der Vorsatz, der Gesellschaft zu schaden; dem ist ferner gleichzuachten, „wenn frevelhafter Mutwille, welcher zwar die Beschädigung nicht beabsichtigt, jedoch auch nicht ohne Bewußtsein der damit verbundenen Gefahr handelt [3]), in dem Vorgehen der Minderheit liegt". Die Haftung besteht aber nur der Gesellschaft, nicht den etwa beschuldigten Personen gegenüber [4]), ebensowenig den möglicherweise geschädigten Aktionären [5]). Der gesamtschuldnerischen Haftung können sich diejenigen Aktionäre entziehen, die den Beweis erbringen, daß sie bei Stellung des Antrages nicht böslich gehandelt haben. Nachträgliche Kenntnis des wahren Sachverhaltes spielt also keine Rolle. Haben sich die Gesellschafter einer böslichen Handlungsweise nicht schuldig gemacht, so sind sie auch dann nicht schadensersatzpflichtig, wenn sie auf Anordnung des Gerichts

---

[1]) Petersen und Pechmann, S. 441, auch Lubszinski, S. 30.

[2]) Vgl. Denkschrift, S. 150.

[3]) ROHG. Bd. 10, S. 218; RGE. Bd. 1, S. 22.

[4]) Evtl. könnten diese nach § 823 BGB. Schadenersatzansprüche geltend machen.

[5]) Vgl. auch Staub-Pinner, Anm. 5 zu § 267.

wegen der der Gesellschaft drohenden Nachteile Sicherheit geleistet haben.

Das Gesetz hat die Ausübung des im Vorgehenden besprochenen, im § 266 HGB. geregelten Rechts absichtlich an eine ganze Reihe von Voraussetzungen und die Beachtung von Vorsichtsmaßregeln geknüpft. Wäre der Minderheit die Ausübung dieses Rechtes vom Gesetzgeber leichter gemacht, so bestände die Gefahr, daß der Gesellschaft durch leichtsinnige Ausübung desselben große Nachteile zugefügt werden könnten.

Gewöhnlich wird der Antrag auf Untersuchung von der Minderheit erst dann gestellt werden, wenn es der Gesellschaft schlecht geht. Die Mehrzahl der Aktionäre ist in der Regel sehr wenig dazu geneigt, sich viel um die Verwaltungsangelegenheiten zu kümmern, so lange ihre Dividende konstant bleibt oder sich günstiger gestaltet [1]). Für viele ist die Aktie nur eine Kapitalsanlage oder ein Spekulationspapier. Erst wenn der Börsenkurs sinkt oder die Dividende ausbleibt, werden sie mißtrauisch werden und nach dem Grunde des Übels forschen. Es ist jedoch sehr leicht möglich, daß Außenstehende, sobald der Antrag auf Untersuchung gestellt wird, auf eine Verschlechterung der Geschäftslage schließen, so daß man der Gesellschaft gegenüber vorsichtig wird, besonders auch, weil Ungewißheit darüber herrscht, wie die Untersuchung verlaufen wird. Eine solche Einstellung kann die Verhinderung von günstigen Geschäften, Verweigerung des Kredits und ähnliche Nachteile zur Folge haben. Meistenteils wird auch ein Sinken der Kurse eintreten. Alle diese Umstände könnten leicht zu einem Mißbrauch des Rechts verleiten, da die Konkurrenz imstande wäre, es in böslicher Weise zu benutzen, um ihre Gegner zu beseitigen oder zu schädigen; ferner könnten Börsenspekulanten es durch entsprechende Manöver dazu ausnutzen, ein künstliches Sinken des Kurses herbeizuführen und dann Aktien billig zu kaufen. Je kleiner die verlangte Minderheit ist, je leichter ihr die Ausübung des Rechts gemacht wird, um so drohender sind diese Gefahren.

Man wird daher, so notwendig es ganz sicher ist, der Minderheit ein Recht auf Information und Nachprüfung der Gesellschaftsorgane einzuräumen, doch nicht verkennen dürfen, daß im Interesse des allgemeinen Wohles der Gesellschaft auch hinsichtlich seiner Ausübung Kautelen vorhanden sein müssen, welche die durch einen etwaigen Mißbrauch des Rechts drohenden Gefahren beseitigen.

---

[1]) Rehfeldt, S. 25.

3. Das Recht auf Verfolgung von Ansprüchen aus der Gründung.

Als Folge des eben besprochenen Untersuchungsrechtes ergeben sich häufig Schadensersatzklagen gegen Gründer, Vorstand und Aufsichtsratsmitglieder aus der Gründung oder Geschäftsführung dieser Personen. Die Untersuchung ist notwendig, um durch sie die Klagegrundlage zu erlangen, auf der dann gegen die verantwortlichen Personen vorgegangen werden kann.

Das hierfür im § 268 HGB. gegebene Recht wird allgemein, da es der Minderheit die Möglichkeit gibt, die Verfolgung gewisser Ansprüche der Gesellschaft gegen die verpflichteten Personen zu erzwingen, „Verfolgungsrecht" genannt [1]).

Auf ein in der Generalversammlung ergehendes Verlangen einer Minderheit von Aktionären, deren Anteile den 10. Teil des Grundkapitals erreichen, oder der einfachen Mehrheit, müssen nämlich Ansprüche der Gesellschaft aus der Gründung gegen die Gründer, Gründergenossen und Emittenten, aus der Geschäftsführung gegen Vorstand, Aufsichtsrat und Liquidatoren geltend gemacht werden. Es sind dies nicht Ansprüche des Einzelaktionärs, sondern solche der Gesellschaft, welche aus der Verantwortlichkeit des Vorstandes und des Aufsichtsrats sowie der Liquidatoren entspringen. Sie können daher nur von der Gesellschaft geltend gemacht werden [2]).

Eine Haftung der genannten Personen besteht nicht nur bei böswilliger Schädigung [3]), sondern schon dann, wenn sie ihrer Pflicht, „die Sorgfalt eines ordentlichen Kaufmannes" zu wahren, nicht genügt haben. Ein Mitglied des Aufsichtsrates wird sich daher nicht damit entschuldigen können, daß er infolge ungenügender Vorbildung nicht die Tätigkeit des Vorstandes habe nachprüfen können. Man wird ihm mit Recht entgegnen, daß der Kreis der Berater nur aus gründ-

---

[1]) Von einigen Schriftstellern wird dieses Recht auch Schadensersatzrecht genannt. Diese Bezeichnung ist aber ungenau, weil die sich auf § 268 stützenden Klagen nicht allein Schadensersatzklagen zu sein brauchen. Es kann sich dabei auch um Feststellungs- und Unterlassungsklagen handeln; vgl. Staub-Pinner, Anm. 1 zu § 268; Horrwitz a. a. O., S. 65; a. A. Wenck, Einberufung der Generalversammlungen usw., S. 177.

[2]) Vgl. Staub-Pinner Anm. 2 zu § 268; Lehmann-Ring, Anm. 4 zu § 268; Lubszinski, S. 32; Lithauer-Mosse, Anm. 8 zu § 268; Gruchot Bd. 48, S. 628; es kann sich aber jeder Gesellschafter der Klage als Nebenintervenient anschließen.

[3]) Unter böslicher Handlungsweise ist nicht nur Absicht auf Schädigung, sondern auch der frevelhafte Leichtsinn zu verstehen, der zwar eine Schädigung nicht beabsichtigt, sich aber doch der mit „seiner Handlungsweise verbundenen Gefahr bewußt ist".

lichen Kennern der Wirtschaft gebildet werden soll [1]), und daß derjenige, welcher die zur Ausfüllung eines derartigen Postens notwendige Sachkenntnis und Vorbildung nicht besitzt, einen solchen auch nicht annehmen darf [2]).

Das Verlangen der einfachen Mehrheit oder der Minderheit in der Generalversammlung hat zur Folge, daß die genannten Ansprüche verfolgt werden müssen. Aber auch ohne einen derartigen Beschluß, kann die Verfolgung durchgeführt werden [3]). Läßt sich die Nichtverfolgung nicht mit einer ordentlichen Geschäftsführung vereinbaren [4]), so sind die Gesellschaftsorgane sogar — wollen sie sich nicht regreßpflichtig machen [5]) — dazu verpflichtet.

Die rechtliche Natur des hier behandelten Minderheitsrechtes ist sowohl in bezug auf die Form seiner Geltendmachung als auch seines materiellen Charakters bestritten.

Hinsichtlich der Form genügt nicht, daß sich die Aktienbesitzer an einer Abstimmung in diesem Sinne beteiligt haben; auch der Antrag ist nicht genügend, Ersatzansprüche geltend zu machen. Erforderlich ist vielmehr, daß der Antrag der Minderheit Ausspruch eines selbständigen Verlangens ist und ausdrücklich in der Generalversammlung als solches gestellt wird [6]). Ob das Verlangen vor oder nach der Abstimmung über den diesbezüglichen Punkt in der Tagesordnung erfolgt, ist gleichgültig. Der gewöhnliche Fall wird sein, daß die Mehrheit vorher den Antrag abgelehnt hat. Notwendige Voraussetzung ist das jedoch nicht [7]). Das Gesetz sagt davon nichts. — Erforderlich ist nur, daß die Tagesordnung einen entsprechenden Antrag ankündigt. Es bedarf jedoch nicht einer besonderen Ankündigung des „Minderheitsverlangen" als solchen, sondern es genügt, wenn in der Tagesordnung „Erhebung von Regreßansprüchen" als Punkt der Tagesordnung gehörig publiziert worden ist [8]). Diese Forderung muß man stellen, um die Minorität nicht gegenüber der Majorität zu begünstigen; denn es ist kein Grund ersichtlich, hier zugunsten der Minderheit eine Aus-

---

[1]) Vgl. Rathenau, S. 16/17.

[2]) Däumling, Seite 17.

[3]) Vgl. Denkschrift, S. 150.

[4]) Vgl. §§ 241 Abs. 1, 249 Abs. 1 HGB.

[5]) Vgl. §§ 241 Abs. 2, 249 Abs. 2 HGB. und Horrwitz a. a. O., S. 66.

[6]) Vgl. Horrwitz a. a. O., S. 65; Staub-Pinner, Anm. 4 zu § 268; Lehmann-Ring Nr. 3 zu § 268.

[7]) Makower, Anm. III b; Staub-Pinner, Anm. 4 zu § 268; Lehmann-Ring, Nr. 3 zu § 268; a. A. Behrend, S. 773 f. Ritter, Nr. 1; Lithauer-Mosse, Anm. 4 zu § 268.

[8]) Vgl. § 256; auch Staub-Pinner, a. a. O., und Horrwitz a. a. O., S. 65.

nahme von dem Grundsatze, daß nur über die auf der Tagesordnung stehenden Punkte verhandelt werden darf, zu machen.

Ob das Minderheitsverlangen seiner rechtlichen Natur nach als Beschluß der Generalversammlung anzusehen ist, wird teils bejaht, teils verneint. Die Vertreter der letztgenannten Richtung gehen davon aus, daß das Gesetz das Verlangen der Minderheit dem Beschluß der Mehrheit entgegenstellt; hieraus gehe hervor, daß ein Unterschied gemacht werden solle zwischen Beschluß und Verlangen, denn abgesehen davon, daß die Generalversammlung stets von der Minderheit dargestellt werde, setze ein Generalversammlungsbeschluß, außer bei den Wahlen immer mindestens einfache Stimmenmehrheit voraus (§ 252 HGB [1]). Dem ist aber entgegenzuhalten, daß das Gesetz selbst das Minderheitsverlangen im § 268 Abs. 2 durch Heranziehung des § 247 HGB. mit einem Generalversammlungsbeschluß auf Verfolgung der Regreßansprüche auf eine Stufe stellt; es ist also einem Generalversammlungsbeschluß gleichzuachten [2]). Daher unterliegt es auch gemäß § 271 HGB. der Anfechtungsklage und bedarf zu seiner Rechtsgültigkeit der Protokollierung gemäß § 259 HGB.

Erfolgt auf das Minderheitsverlangen hin Erhebung der Klage, so ist Klägerin die Gesellschaft [3]). Denn, wie bereits hervorgehoben, stehen die zu verfolgenden Ansprüche der Gesellschaft zu [4]). Das Gesetz hat hier der Minderheit das Privilegium eingeräumt, ihren Willen als den wahren der Gesellschaft geltend zu machen. Nach der Vorschrift des Gesetzes gilt ihr Wille, auch wenn die Mehrheit der Verfolgung widerspricht, als der einzige Gesellschaftswille [5]).

Zur Erhebung der Klage ist in erster Linie der Vorstand berufen. Richtet sich die Klage jedoch gegen den Vorstand selbst, so liegt die Vertretung dem Aufsichtsrat ob [6]), und zwar dem Aufsichtsrat in seiner Gesamtheit, nicht etwa nur

---

[1]) So auch Goldmann, S. 110; Lehmann-Ring, Nr. 3 zu § 268; Horrwitz a. a. O., S. 66; Makower, S. 619; Ritter, Komm., Anm. 2 zu § 271.

[2]) In diesem Sinne Staub-Pinner, Anm. 4 zu § 268; Rießer, Neuerungen S. 16; Pinner „Aktienrecht" S. 228; OLG. Karlsruhe in ZHR. Bd. 43 S. 325; Biberfeld in Z. f. Akt.-R. Bd. 11 S. 7; Schmidt Gründerverantwortung, S. 76.

[3]) Vgl. Lichtherz, S. 39.

[4]) Anders im englischen und französischen Recht, wo dem Einzelaktionär als solchem das Recht verliehen ist, das Verfolgungsrecht geltend zu machen; vgl. hierzu Bachmann, S. 119 ff.

[5]) Über die gegenteilige Ansicht, das Minderheitsverlangen sei nicht der Wille der Gesellschaft vgl. Lubszinski, S. 33 f.

[6]) Vgl. § 247 HGB.

einzelnen Mitgliedern desselben. Allerdings steht dem Aufsichtsrat die Befugnis zu, zur Vornahme von Prozeßhandlungen einzelne Mitglieder zu bevollmächtigen. Vorstand und Aufsichtsrat werden jedoch in ihrer Vertretung ausgeschlossen, falls die Generalversammlung in ihrer Mehrheit die Bestellung besonderer Vertreter beschlossen hat. Von diesem Recht wird die Generalversammlung jedenfalls dann Gebrauch machen, wenn Mitglieder des Vorstandes oder Aufsichtsrates verfolgt werden sollen. Die Bestellung erfolgt, wenn sie durch die Mehrheit in der Generalversammlung beschlossen wird, unmittelbar. Die Minderheit selbst hat dieses Recht der unmittelbaren Bestellung nicht. Jedoch ist es der Minderheit, die die Verfolgung fordert, gestattet, von ihr benannte Personen durch das Gericht mit der Prozeßführung betrauen zu lassen. Durch die richterliche Bestellung von Sondervertretern werden sämtliche anderen, Vorstand und Aufsichtsrat, selbst die etwa auf Grund des § 268 Abs. 2 von der Generalversammlung bestellten Sondervertreter — unbeschadet der Befugnis des Aufsichtsrates zu selbständiger Klageerhebung — ausgeschlossen [1]). Der von der Minderheit beim Registergericht [2]) zu stellende Antrag auf Bestellung bestimmter Vertreter braucht nur von so vielen Aktionären gestellt zu werden, daß ihre Anteile zusammen den zehnten Teil des Grundkapitals ausmachen. Erforderlich ist aber, daß die Aktionäre, die den Antrag stellen, schon in der Generalversammlung der Minorität angehört haben [3]). Doch kann deswegen gleichwohl jeder Aktionär, auch wenn er nicht an der Generalversammlung teilgenommen hat, sich an dem Rechtsstreit als Nebenintervenient beteiligen.

Das Gericht ist nicht verpflichtet, die ihm bezeichneten Personen nun wirklich zu ernennen. Es entscheidet nach freiem pflichtmäßigem Ermessen, jedoch nur darüber, ob es die ihm bezeichneten Personen ernennen oder zurückweisen will [4]). Zu einer Ernennung anderer als dieser Personen hat das Gericht kein Recht [5]). Auch in eine sachliche Prüfung der Aussicht der Klage hat das Gericht nicht

---

[1]) Vgl. Denkschrift, S. 151; Lithauer-Mosse, Anm. 9 zu § 268; Lubszinski, S. 33.

[2]) Zuständig ist das Amtsgericht; wenn tunlich, ist die Gesellschaft zu hören; gegen die Entschdg. d. Gerichts ist sofortige Beschwerde und weitere Beschwerde gegeben: §§ 145/6 FGG.

[3]) RJA. Bd. 1 S. 133; OLG. Dresden i. d. Annalen des OLG. Dresden, Bd. 23; S. 454.

[4]) Vgl. Förtsch, Anm. 5 zu Art. 223.

[5]) So Staub-Pinner, Anm. 8 zu § 268; Lehmann-Ring, Anm. 7 zu § 268.

einzutreten. Es darf den Antrag nicht deswegen zurückweisen, weil der geltend zu machende Anspruch nicht begründet sei [1]). Das zu entscheiden, liegt lediglich dem Prozeßgericht ob. Eine Zurückweisung wird ferner dann nicht angängig sein, wenn den ordnungsmäßig bestellten Organen nicht zu trauen ist [2]).

Um zu verhindern, daß der Minderheitsklage durch einen Mehrheitsbeschluß während des Prozesses dadurch der Boden entzogen wird, daß sie die Mehrzahl mittels Verzichts oder Vergleichs illusorisch macht, ist der Klage aus § 268 HGB. ein besonderer Schutz durch die Vorschrift des § 270 HGB. verliehen. Danach ist ein Verzicht oder Vergleich nur zulässig, wenn die Aktien der einem solchen widersprechenden Aktionäre ein Zehntel des Grundkapitals nicht erreichen. Die Zustimmung braucht nicht in der Generalversammlung erklärt zu werden und ist formlos gültig. Handelt es sich um einen Anspruch, auf welchen § 205 HGB. Anwendung findet, so hängt die Zulässigkeit eines Vergleichs oder Verzichts außerdem noch davon ab, daß seit der Eintragung der Gesellschaft in das Handelsregister 5 Jahre vergangen sind, sofern sich nicht der Verpflichtete im Falle der Zahlungsunfähigkeit zur Abwendung oder Beseitigung des Konkursverfahrens mit seinen Gläubigern vergleicht.

Wie bei dem im § 266 HGB. geregelten Untersuchungsrecht mußten auch hier weitgehende Sicherungsmaßnahmen gegen einen Mißbrauch des Verfolgungsrechtes getroffen werden. Auch hier können Schikane, Spekulationsabsichten und ähnliche Motive maßgebend für die Erhebung der Klage sein. Stets wird bei der Geltendmachung des Verfolgungsrechtes der Kurs der Aktien sinken [3]); denn es wird ja angenommen werden, daß die Gesellschaft einen Schaden erlitten hat, dessen Ersatz zweifelhaft ist [4]). Es wäre also leicht möglich, daß die Klage zur Ermöglichung von Börsenmanövern erhoben würde. Diese Gefahren werden aber durch die erschwerenden Bedingungen, an welche die Ausübung des Rechts geknüpft ist, beinahe unmöglich gemacht.

Zwecks schnellster Erledigung muß die Klage binnen einer Frist von 3 Monaten, gerechnet von dem Tage ab, an dem das Minderheitsverlangen gestellt worden ist, erhoben sein. Diese Bestimmung hat einmal den Zweck, daß nicht

---

[1]) Kammergericht in Entsch. FG. I S. 198; Johow-Ring XXI, A. 80.

[2]) Vgl. Staub-Pinner, Anm. 8 zu § 268.

[3]) OLG. Bd. 6, S. 510.

[4]) Däumling a. a. O., S. 22.

durch das Recht der Minderheit die Möglichkeit der Verfolgung der Organe fortdauernd und lähmend in der Schwebe bleibt [1]). Dann aber hat der Fristablauf die Unzulässigkeit der Klage auf Grund des früheren Minderheitsverlangens zur Folge. Er hindert aber die selbständige Verfolgung durch den Vorstand nicht, auch nicht die Verfolgung eines selbst nach Ablauf der Frist gefaßten Mehrheitsbeschlusses. Auch in dem Falle kann die Klage trotz Fristablaufs von neuem erhoben werden, wenn in einer Generalversammlung durch Minderheitsverlangen abermals die Geltendmachung des Anspruches verlangt wird. Jedoch wird man es als unstatthaft ansehen müssen, daß das erneute Minderheitsverlangen seinem Inhalte nach mit dem bereits früher gestellten identisch ist, d. h. von der früheren Minderheit aus den früher von ihr vorgebrachten Gründen zum 2. Male gestellt wird [2]).

Wird die Klage erst nach Ablauf der 3 Monate erhoben, so ist sie, da die Innehaltung der Frist von amtswegen berücksichtigt werden muß, abzuweisen. Jedoch können die Personen, welche ihrer Verpflichtung zur Klageerhebung schuldhaft nicht nachgekommen sind, auf Schadenersatz belangt werden.

Der Klage ist das Protokoll der Generalversammlung, soweit es die Geltendmachung des Anspruchs betrifft, in öffentlich beglaubigter [3]) Abschrift beizufügen [4]). Daß diesem Erfordernis genügt ist, bedarf ebenfalls der Berücksichtigung von amtswegen.

Als weitere Schutzvorschrift gegen unlautere Machenschaften ist ferner die Bestimmung getroffen, daß eine den 10. Teil des Grundkapitals der Gesellschaft erreichende Anzahl von Aktien für die Dauer des Rechtsstreits zu hinterlegen ist. Erforderlich ist, daß dieselben Aktien hinterlegt werden, auf Grund deren das Minderheitsverlangen gestellt wurde [5]). Doch brauchen nur so viele hinterlegt zu werden, daß ihr Betrag den 10. Teil des Grundkapitals erreicht. Außerdem ist von der Minderheit glaubhaft zu machen, daß sie sich mindestens seit 6 Monaten im Besitze der Aktien befindet [6]). Auch hier bedeutet der im Gesetz verwendete

---

1) Lubszinski, S. 39.

2) Vgl. Behrend, S. 773; Pinner, Anm. II zu § 269; Staub-Pinner, Anm. 1 zu § 269; Lehmann-Ring, Anm. 2 zu § 269; anders Ritter Nr. 1; Makower, Anm. II b; Esser, Anm. 3 zu Art. 223 AD. HGB.

3) Vgl. § 129 BGB.

4) § 269 Abs. 1 HGB.

5) Vgl. OLG. Dresden in Seuff. Arch. Bd. 58, Nr. 106.

6) § 269 Abs. 2 HGB.

Ausdruck „Besitz", genau wie im § 266, daß die Aktionäre Eigentümer der Aktien sein müssen. Es kann hier daber auf die bereits im vorhergehenden Abschnitte diesbezüglich gemachten Ausführungen verwiesen werden [1]). Ebenso wie die bereits genannten Erfordernisse bezüglich Fristeinhaltung und Beifügung der Protokollabschrift bilden die Vorschriften betreffend die Hinterlegung der Aktien und Glaubhaftmachung des Besitzes Erfordernisse des öffentlichen Rechts. Das Prozeßgericht hat, sofern der Prozeßstoff ergibt, daß zufolge Minderheitsverlangens geklagt wird, von amtswegen auf sie einzugehen [2]).

Wegen der drohenden Nachteile ist dem Beklagten, sofern er es verlangt, von der Minderheit Sicherheit zu leisten, deren Höhe vom Gericht nach freiem Ermessen bestimmt wird. Bei Anordnung der Sicherheitsleistung hat das Gericht eine Frist festzusetzen, binnen welcher die Sicherheit zu leisten ist. Wird die Sicherheit bis zur Entscheidung nicht geleistet, so ist nach Ablauf der Frist auf Antrag des Beklagten die Klage für rückgenommen zu erklären, oder, wenn über ein Rechtsmittel des Klägers zu verhandeln ist, dieses zu verwerfen [3]).

Schließlich ist die Bestimmung des § 269 Abs. 4 als Schutzvorschrift außerordentlich bedeutsam, wonach die Minderheit verpflichtet ist, der Gesellschaft die ihr etwa in dem Prozeß auferlegten Kosten zu erstatten und zwar auch dann, wenn die Minderheit kein Verschulden trifft. In diesem Falle haften die zur Minderheit gehörenden Aktionäre nicht als Gesamtschuldner, sondern nach Aktienbeträgen [4]). Dasselbe gilt auch hinsichtlich der Kosten des Verfahrens vor dem Registergericht. Ihre Übernahme durch die Gesellschaft kann die Generalversammlung im Gegensatz zu §§ 267 Abs. 3 Satz 1 und 254 Abs. 4 HBG. nicht beschließen, da eine entsprechende Bestimmung hier fehlt [5]).

Betont werden muß aber, daß die Minderheit nur der Gesellschaft gegenüber zum Ersatz der Kosten verpflichtet ist. Nach außen trägt die Gesellschaft die Kosten; als

---

[1]) Vgl. S. 14.

[2]) Vgl. Lithauer-Mosse, Anm. 1 zu § 269.

[3]) § 269 Abs. 3 HGB. i. Vbdg. mit § 113 ZPO.

[4]) § 420 BGB. vgl. Staub-Pinner Anm. 5 zu § 269; Lehmann-Ring Nr. 7 zu § 269; a. A. Makower S. 623 der gesamtschuldnerische Haftung annimmt. Dieser Ansicht ist aus dem Grunde nicht zu folgen, weil das Gesetz die gesamtschuldnerische Haftung ausdrücklich im § 269 Abs. 5 nur für den Fall vorschreibt, daß dem Beklagten bei böslicher Handlungsweise der Aktionäre durch unbegründete Klage Schaden erwächst.

[5]) Vgl. Horrwitz a. a. O. S. 308.

Prozeßführerin ist sie daher dem Staate und den Gegnern gegenüber zunächst Schuldnerin der Kosten [1]). Der Anspruch auf Erstattung der Kosten gegen die Minderheit ist nur im Wege eines besonderen Prozesses durchzusetzen. Bestritten ist, ob hier § 254 BGB. anwendbar ist, indem man der Minderheit den Einwand zubilligt, daß die Kosten durch Verschulden des prozeßführenden Gesellschaftsorgans verursacht worden seien. Man wird diese Frage bejahen aus der Erwägung heraus, daß es unbillig wäre, wenn man hier die Minderheit alle Kosten allein tragen lassen wollte, sobald diese Kosten zum Teil durch Verschulden der Gesellschaft oder deren Vertreter entstanden sind [2]).

Für den Schaden, der dem Beklagten durch eine unbegründete Klage erwächst, haften ihm die Aktionäre, denen eine bösliche Handlungsweise zur Last fällt als Gesamtschuldner [3]).

4. Recht der Minderheit, Vertagung der Bilanzbesprechung zu verlangen.

Die Bedeutung des im § 264 HGB. geregelten Minderheitenrechtes [4]) auf Vertagung der Verhandlung über die Genehmigung der Bilanz hängt zusammen mit der Wichtigkeit der Genehmigung der Bilanz, richtiger ausgedrückt der Festsetzung der letzteren [5]). Denn da die Generalversammlung erst durch ihre Genehmigung die Bilanz feststellt, so kann sie diese folglich auch ändern [6]). Durch das Vertagungsrecht soll der Minderheit die Möglichkeit gegeben werden, sich über die einzelnen Posten der Bilanz durch eingehende Prüfung Aufklärung zu verschaffen, — wozu in der Generalversammlung selbst meistens wenig Zeit sein wird —, und den Aktionären so vor einer Überrumpelung mit einer nicht einwandfreien oder gar unrichtigen Bilanz Schutz zu gewähren. Der Wert der Offenlegung der Bilanz liegt darin, daß den Gesellschaftern ein Bild der Geschäfts-

---

1) RGE. bei Gurchot Bd. 48 S. 627.

2) Vgl. Makower Anm. V; Pinner „Aktienrecht" Anm. IV 3.

3) § 269 Abs. 5 HGB. Vgl. auch Fußnote 2 S. 59.

4) Mit Unrecht wird von Bachmann S. 111 Anm. 3 die rechtliche Natur dieses Rechtes als Minderh.-Recht geleugnet, da seine Begründung, daß hier die Minderheit nicht als Körperschaftsorgan tätig wird nicht zutrifft; denn die Mehrheit, der doch wohl kaum der Charakter eines Ges.-Organ abzusprechen ist, ist auch nur ein Bruchteil der Generalversammlung. Außerdem bewirkt hier die Minderheit, unabhängig von einem Mehrheitsbeschluß, vollkommen durch selbständiges Vorgehen einen positiven Rechtserfolg.

5) Vgl. Lichtherz S. 40.

6) Staub-Pinner, Anm. 1 a zu § 260.

lage der Gesellschaft gegeben wird, insbesondere soll sie ihnen als Grundlage für die Tätigkeit der Gesellschaftsleiter dienen, auf Grund derer sie die Entlastung erteilen oder sie verweigern können.

Zur Geltendmachung des Rechtes ist erforderlich, daß eine Minderheit, die im Besitze von 10% des Grundkapitals ist, bestimmte Ansätze der Bilanz bemängelt, woraufhin der Vorstand eine neue Generalversammlung anberaumen und in dieser die gewünschte Aufklärung über die beanstandeten Posten erteilen muß. Durch die Vorschrift, daß „bestimmte Ansätze der Bilanz" bemängelt werden müssen, soll eine Ausnutzung des Minderheitsrechtes zu Schikanezwecken verhütet werden. Nicht erforderlich ist die Erbringung des Nachweises, die Bilanz enthalte Falsches, doch muß angegeben sein, welche Posten angezweifelt werden, und wofür bestimmte Gründe genannt werden müssen [1]). Wollte man wie Esser [2]) und Lubscinski [3]) als gleichgültig ansehen, in welcher Weise eine Bemängelung erfolgt, so könnte ja die Minderheit die Vertagung stets durchsetzen und die genannte Schutzvorschrift wäre überflüssig. Der Gesetzgeber stellt aber nicht ohne Absicht für den Fall der Vertagung der Generalversammlung auf Verlangen der Minderheit als Voraussetzung die Bemängelung in substantiierter Form auf, während er bei Vertagung auf Beschluß der e i n f a c h e n Mehrheit eine allgemeine Bemängelung der Bilanz genügen läßt. Daher genügt es nicht, wenn der Antragsteller sagt: „Ich bemängele sämtliche Debitoren", wohl aber, wenn gesagt wäre: „Ich bemängele die mit je einer Mark eingesetzten Aktivposten, weil ihr Wert mindestens je 50 000 RM. beträgt." Sofern das Minderheitsverlangen diesen Anforderungen nicht entspricht, kann die Generalversammlung über den Antrag, ohne ihn zu beachten, zur Tagesordnung übergehen [4]).

Wird dagegen ein begründeter Vertagungsantrag abgelehnt, so können die Antragsteller den die Genehmigung der Bilanz aussprechenden Beschluß im Wege der Klage mit der Begründung anfechten, daß über die in der früheren Verhandlung bemängelten Ansätze der Bilanz die erforderliche Aufklärung nicht erteilt worden sei. Hinsichtlich der nicht bemängelten Punkte darf die Generalversammlung ver-

---

[1]) So auch Rehm, S. 799; Lehmann-Ring, Nr. 2 zu § 264; Lichtherz, S. 40; Staub-Pinner Anm. 1 zu § 264; v. Rosenstiel, S. 12; Horrwitz a. a. O., S. 339.

[2]) Ziff. 4 zu Art. 239 a ADHGB.

[3]) S. 57.

[4]) Vgl. Goldmann, S. 1098, Staub-Pinner a. a. O.

handeln und gültig Beschlüsse fassen. Praktisch wird allerdings — da die Bilanz als Einheit zu betrachten ist, und größtenteils die Rektifizierung einer unrichtigen Position mehr oder weniger einschneidende Änderungen anderer Positionen zur Folge hat — die weitere Beschlußfassung über die Bilanz, die Entlastung des Vorstandes und Aufsichtsrates, sowie auch die Gewinnverteilung der neuen Generalversammlung vorbehalten bleiben müssen [1]). Nur selten wird es der Fall sein, daß die Vertagung wegen einer Bemängelung der Bilanz erfolgt, von der ohne weiteres klar ist, daß sie nicht zu einer Minderung des zu verteilenden Gewinns oder zu einer Beanstandung der Geschäftsführung des Vorstandes und des Aufsichtsrates führen kann, so daß trotz Vertagung der Verhandlung über die Bilanzgenehmigung alsbald über die Gewinnverteilung sowie über die Entlastung des Vorstandes und des Aufsichtsrates Beschluß gefaßt wird.

Im Falle der Vertagung der Bilanz ist die Generalversammlung, die sich nicht als Fortsetzung der ersten darstellt, von neuem durch den Vorstand nach den hierfür gegebenen Vorschriften [2]) zu berufen. Hiervon kann auch dann nicht abgesehen werden, wenn die die Vertagung beschließende Versammlung selbst den Zeitpunkt der Verhandlung bestimmt. Der Vertagung kommt nicht die Bedeutung einer Unterbrechung zu. An der neuen Generalversammlung kann vielmehr jeder Aktionär, auch wenn er an der Teilnahme zu der ersten verhindert oder nicht befugt war, teilnehmen. Anderenfalls wäre das Recht der Minderheit ein rein formales, da ja bei bloßer Fortsetzung der Generalversammlung die einmal vorhandene Mehrheit bestehen bliebe, entgegen der Absicht, in der neuen Generalversammlung eine andere Mehrheit wie in der ersten Generalversammlung zu bekommen [3]).

In der neuen Generalversammlung kann von der Minderheit nur dann erneute Vertagung gefordert werden, wenn über die in der früheren Versammlung bemängelten Ansätze der Bilanz die erforderliche Aufklärung nicht erteilt worden ist [4]). Durch diese Vorschrift soll offenbar ein Terror der Minderheit verhindert werden, da es ihr ja möglich wäre, das Dividendenrecht des Einzelaktionärs, etwa durch wiederholte Vertagungen oder Verschleppungen, hinfällig zu machen. Gegen eine durch ähnliches Verhalten terrorisierende Majorität ist der Aktionär durch das bereits besprochene Minderheits-

---

[1]) Vgl. Esser, S. 192; RGE. Bd. 44, S. 66 ff.
[2]) §§ 255 ff. HGB.
[3]) Esser, S. 192.
[4]) § 264 Abs. 2 HGB.

recht der Berufung nach § 254 HGB. geschützt. Herrschen Zweifel darüber, ob einer Minderheit die erforderliche Aufklärung erteilt wurde oder nicht, so entscheidet darüber zunächst die Mehrheit, deren Beschluß der Nachprüfung des Prozeßrichters unterliegt [1]). Sofern dagegen überhaupt keine Aufklärung erlangt werden kann, und sich die Mehrheit dieser Weigerung gegenüber begünstigend verhält, steht einer Minderheit der volle Schutz des § 264 HGB., zur Seite. Sie kann also so lange Vertagung verlangen, wie eine Aufklärung nicht oder nicht genügend erteilt ist [2]).

Bestritten ist die Frage, die in der Praxis häufig genug von Bedeutung ist, wie weit eine so geforderte Aufklärung zu erfolgen hat.

Während diese Frage früher dahin beantwortet wurde, daß jeder Nachweis gegeben werden müsse, gleichviel, ob darunter das Gesellschaftsinteresse leide oder nicht [3]), ist diese Auslegung dann aber mit Recht aus der Erwägung heraus, der Gesellschafter habe in der Generalversammlung nur im Interesse der Gesellschaft tätig zu sein und das Recht auf Erörterung und Aufklärung finde daher seine Grenzen im Interesse der Gesellschaft, insoweit eingeschränkt worden, daß dieses Recht, sofern selbstsüchtige, schikanöse oder Wettbewerbsinteressen gefördert werden sollen [4]), dem Interesse der Gesellschaft zu weichen habe. Das Recht auf Aufklärung ist in der Praxis als Individualrecht beseitigt worden [5]). Die Aufklärungspflicht wurde grundsätzlich auch weiterhin anerkannt, jedoch betonte man, daß das Recht, Aufklärungen zu verlangen, nur die Generalversammlung, nicht der einzelne Gesellschafter habe. Weigere sich erstere, die Frage zu stellen, so habe sich der Aktionär zu bescheiden, soweit nicht ein besonderes, im Gesetz geregeltes Recht auf Aufklärung bestehe, oder die Verweigerung der Fragestellung einen Verstoß gegen die guten Sitten enthalte. Der Einzelaktionär könnte sich hiernach nur dadurch helfen, daß die Frage durch die Generalversammlung gestellt würde, und daß er im Falle der Ablehnung den Beschluß anficht (§ 271 HGB.), sofern eine Rechtspflicht zur Auskunftserteilung

---

[1]) Vgl. Horrwitz a. a. O., S. 344; Staub-Pinner, Anm. 5 zu § 264 HGB; Brand, S. 680.

[2]) Vgl. Riesser Neuerungen S. 17.

[3]) Staub-Pinner, Anm. 20 zu § 260; auch Rehm, S. 799 f.

[4]) Vgl. Pinner, Beiträge zum Aktienrecht, S. 75; Horrwitz a. a. O., S. 275; Markuse, in L. Z. 1912, 600; OLG. Hamburg in OLG. Bd. 14, S. 351.

[5]) RGE. Bd. 82, S. 182; OLG. Celle, in OLG. Bd. 32, S. 113; OLG. Hamburg in Hans. Ger. Ztg. 1920, Nr. 129; OLG. Kolmar, in LZ. 1914, 405.

besteht, oder die Verweigerung der Fragestellung als Mißbrauch des Mehrheitsrechtes gegen die guten Sitten verstößt. Diesem vom Reichsgericht aufgestellten Grundsatz [1]), dem sich augenscheinlich die Praxis gefügt hat [2]), kann nicht beigetreten werden. Mag man geltend machen, daß in dem Auskunftsrecht des Aktionärs insofern eine gewisse Gefahr liege, als der Konkurrenz und den Feinden der Gesellschaft dadurch die Möglichkeit zur Schädigung und Schikane gegeben werden könne, so kann doch vom Billigkeitsstandpunkte aus nicht verkannt werden, daß der Aktionär, „der mit seinem Gelde bei einem Unternehmen beteiligt ist, zum wenigsten darüber Rechenschaft fordern kann, wie sich im einzelnen die ihm in der Bilanz nur sehr oberflächlich und versteckt gegebene Abrechnung stellt“ [3]), und zwar im Rahmen der bisher herrschenden und anerkannten Lehre, soweit diese Auskunft nicht für das Gesellschaftsinteresse schadenbringend ist [4]). Gegen die Auffassung des Reichsgerichts haben sich daher mit Recht hervorragende Kenner des Aktienrechts wie Horrwitz [5]) und Pinner [6]) gewandt, ebenso Staub, der ausführt, daß zwar durch die reichsgerichtliche Anschauung mancher Mißbrauch und Schikane beseitigt werde, daß aber dafür die Verwaltung, wenn sie der Mehrheit sicher ist, die Gewißheit hat, durch unbequeme Fragen nicht belästigt zu werden. Die schon jetzt bis an die Grenze des Möglichen gehende Übung, im Geschäftsbericht und in der Bilanz möglichst wenig zu sagen, werde dadurch noch weiter verstärkt.

Das Recht der Minderheit, die 10% des Aktienkapitals besitzt, Aufklärung bemängelter Ansätze der Bilanz durchzusetzen, ist auch vom Reichsgericht in der genannten [7]) und einer späteren Entscheidung [8]) anerkannt. Hiergegen würden sich auch kaum Bedenken geltend machen lassen können, da durch die Forderung der Repräsentanz von 10% des Grundkapitals die Gefahren des Mißbrauchs und der

---

[1]) RGE. Bd. 82, S. 182.

[2]) Vgl. die in Fußnote 4 der vorigen Seite angeführten Entscheidungen.

[3]) Pinner a. a. O., S. 75. Ferner zu vergleichen Bondi LZ. 1917, S. 1309; Heinitz DJZ. 1917, S. 166; Goldschmidt, S. 180; Nord, „Die Rechte des Aktionärs und die Folgen ihrer Verletzung“, Berlin 1925, S. 36; Moeser, Die GV. der AG., Bln. 1925; Fischer, S. 298; Rosendorff, S. 50.

[4]) Vgl. Staub-Pinner, S. 385 396.

[5]) Horrwitz, Das Recht des Aktionärs auf Auskunft in der GV., in JW. 1916, S. 887 ff.

[6]) Pinner, Die Minderheitsrechte der Aktionäre und das Reichsgericht in JW. 1916, S. 988 ff.

[7]) RGE. Bd. 82, S. 185. — [8]) RGE. Bd. 90, S. 211.

Schikane so gut wie vollkommen beseitigt sind. Daher hat man auch von weiteren Kautelen abgesehen, um die Ausübung des Minderheitsrechtes nicht unnötig zu erschweren.

Zu weit geht unseres Erachtens die Auslegung des Reichsgerichts in dem bereits zitierten Urteil vom 11. Mai 1917, wenn es der Ansicht ist, daß das Vertagungsverlangen nicht nur mit der Bemängelung der Höhe, der Unklarheit und Unübersichtlichkeit eines Bilanzpostens begründet werden könne, sondern daß dafür auch die Bemängelung eines Aktes der Geschäftsführung mit Bezug einen bestimmten Bilanzposten maßgebend sein dürfe. In dem dem Erkenntnis zugrundeliegenden Tatbestand wurde gerügt, daß ein Betrag, statt beigetrieben zu sein, als ausstehende Forderung in der Bilanz erschien, und darüber Auskunft verlangt. Trotzdem sich also die Rüge auf einen mit einem Punkte in der Bilanz in Verbindung gebrachten Akt der Geschäftsführung bezog, hielt das RG. sie für berechtigt. Bedenkt man jedoch, daß jeder wichtigere Akt der Geschäftsführung, sogar die Unterlassung eines Geschäftes von Einfluß auf die Aktiv- und Passivseite der Bilanz ist, so dürfte bei einiger Findigkeit sich jeder Verwaltungsakt mit der Bilanz in Verbindung bringen lassen, und eine 10% des Grundkapitals besitzende Minderheit würde somit Aufklärung über jede Tätigkeit der Verwaltung verlangen können. Damit wäre der Minderheit ein ziemlich unbeschränktes Auskunftsrecht gegeben. Das dürfte jedoch nicht nur „über den Wortlaut des Gesetzes" [1], sondern auch über den Willen des Gesetzgebers hinausgehen, sowie den Interessen unseres Wirtschaftslebens zuwiderlaufen.

Zu erwähnen bleibt hinsichtlich eines erneuten Verlangens der Minderheit auf Vertagung der Generalversammlung noch, daß diesem nicht stattzugeben ist, sofern es auf Grund neuer Bemängelung, sei es anderer Bilanzsätze, sei es mit anderen tatsächlichen Gründen, gestellt wird. Das Gesetz läßt nämlich eine Vertagung nur zu, „wenn über die in der f r ü h e r e n Verhandlung bemängelten Ansätze die erforderliche Aufklärung nicht erteilt ist". Die Minderheit, welche eine erneute Vertagung verlangt, braucht nicht aus denselben Aktionären zu bestehen, welche eine frühere Vertagung verlangt hatten. Erstens liegt es nicht im Sinne des Gesetzes, einem Aktionär die praktische Verwertung einer Änderung seiner Meinung unmöglich zu machen; das wäre nämlich der Fall, wenn ein Aktionär, der mit seiner Ansicht in der 1. Generalversammlung auf Seiten der Mehrheit steht, später sich

[1]) Staub-Pinner, Anm. 1 zu § 264 HGB.

aber zu der Meinung der Minderheit bekehrt, nun diese Meinungsänderung nicht auch praktisch dadurch ausnützen könnte, weil er sich der Minderheit nicht anschließen dürfte, um in der 2. Generalversammlung nicht ihre Identität mit der ersten zu beseitigen. Dem Gesetz kommt es nur darauf an, daß ein noch zu klärender Mangel vorhanden ist und eine aus 10% des Grundkapitals bestehende Minderheit die Aufklärung dieses Mangels verlangt. Zweitens ergibt sich die Richtigkeit der hier vertretenen Anschauung daraus, daß die neue Generalversammlung eine selbständige Generalversammlung und keine Fortsetzung der früheren ist [1]).

Im Zusammenhang mit dem vorstehend erörterten Minderheitsrechte ist die Vorschrift des § 31 Abs. 2 der 2. Durchführungsverordnung zur Goldbilanzverordnung zu nennen.

Werden Schutz- oder Vorratsaktien [2]), die gemäß § 30 vorgenannten Gesetzes ausdrücklich anerkannt werden, ebenso wie die übrigen Aktien, die derselben Gattung angehören, umgestellt, so steht, wenn die Aktien veräußert werden, der Gegenwert abzüglich des Goldwertes der Einzahlungen und einer vereinbarten Vergütung der Gesellschaft zu. Entgegenstehende Vereinbarungen sind der Gesellschaft gegenüber unwirksam. Erfolgt die Veräußerung, so ist der Vorstand verpflichtet, der Generalversammlung hierüber zu berichten und auf Verlangen von Aktionären, deren Anteile zusammen den zehnten Teil des Grundkapitals erreichen, Aufklärungen zu geben und Unterlagen vorzulegen [3]).

5. Das Recht auf Ernennung von Liquidatoren.

Die Durchführung der Liquidation ist in der Regel durch den Vorstand oder durch besondere, sei es durch Beschluß

---

[1]) Gleicher Ansicht Staub-Pinner, Anm. 5 zu § 264 HGB.; Horrwitz, „Das Recht der Generalversammlungen pp.“, S. 344 f.; Lehmann-Ring Nr. 3 zu § 264 HGB.; Lithauer-Mosse, Anm. 5 zu § 264; a. A. Makower, Anm. II; Hergenhahn, S. 187; Ring, S. 541.

[2]) Hierunter versteht man Aktien, deren Inhaber durch ausdrückliche oder stillschweigende Vereinbarung mit der Gesellschaft zu ihren Gunsten in der Ausübung der Aktienrechte oder in der Veräußerung oder sonstigen Verfügung über die Aktien gebunden sind, ohne ein mehrfaches Stimmrecht zu haben (vgl. Sintenis, im Bankarchiv, XXIII. Jhrgg. S. 63, 65; Hartmann, ebenda, S. 114; Köppel, ebenda, S. 175).

Aktienrechtlich unterscheiden sie sich nicht von den Stammaktien, einen Vorzug im Stimmrecht gewähren sie nicht und sollen sie nicht gewähren; nur dadurch, daß sie tatsächlich im Besitze der Verwaltung bleiben, gewähren sie dieser die im Stimmrecht liegende Machtbefugnis.

[3]) Vgl. § 31 Abs. 2 d. 2. DV. zur GBV.

der Generalversammlung gewählte, sei es im Gesellschaftsvertrage vorgesehene Personen zu bewirken [1]). Das Gesetz hat jedoch dem Umstande, daß Gründe vorliegen können, welche den Aktionären zu einer Ablehnung der genannten Personen berechtigten Anlaß geben, Rechnung getragen und das Gericht den Beschlüssen der Majorität gegenüber als entscheidenden Faktor eingesetzt, damit es bei einem diesbezüglichen Verlangen des Aufsichtsrates oder einer Minderheit, welche den 20. Teil des Grundkapitals darstellt, die Liquidatorenbestellung vornehme [2]). Es ist offenbar, daß im Stadium der Liquidation der A.-G., in dem dem Aktionär daran gelegen ist, wenigstens das Kapital, welches er in das Unternehmen gesteckt hat, zu retten, das Interesse, welches er der Gesellschaft entgegenbringt, besonders groß ist. Der Zweck des der Minderheit im § 295 Abs. 2 HGB. gegebenen Rechtes geht daher dahin, zu vermeiden, daß in dem jetzigen Stadium der Gesellschaft, wo sie und mit ihr die Gesamtheit der Aktionäre ziemlich schutzlos dastehen, Personen mit der Befugnis ausgestattet werden, die für eine solche Position ungeeignet sind, oder bei denen sogar die Gefahr besteht, daß sie unredlich handeln.

Man wird im Sinne des Gesetzes sprechen, wenn man die Mitglieder des Vorstandes als „geborene“ Liquidatoren [3]) bezeichnet. Als solche handeln sie ja auch schon von dem Augenblick an, wo sie die Auflösung der Aktiengesellschaft und die ersten Liquidatoren angemeldet haben. In der Praxis werden meist in der Satzung genaue Formvorschriften über die Bestellung der Liquidatoren enthalten sein, die dann auch maßgebend bleiben. Fehlen in der Satzung jedoch derartige Bestimmungen, so erfolgt die Ernennung wie regelmäßig alle gesellschaftlichen Übereinkünfte durch einen Beschluß der Generalversammlung. Der letzteren, die im allgemeinen ihre Beschlüsse nach dem Mehrheitsprinzip faßt, ist aber insofern eine Schranke auferlegt, als die Bestellung an andere Organe als die Generalversammlung ausgeschlossen ist [4]). Sie kann daher z. B., falls von ihr zunächst berechtigterweise ein Liquidator bestellt, später aber abberufen worden ist, nicht etwa dem Aufsichtsrat das Recht übertragen, einen neuen zu ernennen. Will in einem derartigen Falle die Generalverwaltung über die Neuwahl keinen Beschluß

[1]) § 295 Abs. 1 HGB.
[2]) § 295 Abs. 2 HGB.
[3]) Behrend, S. 922.
[4]) KG. in KGJ. Bd. 49, A 122 und in RJA. Bd. 15, S. 53; auch Staub-Pinner, Anm. 3 zu § 295 HGB.; a. A. Marcus bei Holdheim, Bd. 22, 107.

fassen, so kann ausschließlich richterlicher Ernennung stattfinden. Die Reihenfolge der zu Liquidatoren zu Berufenden wäre:

1. Liquidatoren kraft Statut,
2. Liquidatoren, bestellt durch die Generalversammlung,
3. Vorstand, falls keine anderen Bestimmungen getroffen sind [1]).

Diese Reihenfolge wird jedoch beseitigt, wenn der Aufsichtsrat oder eine den 20. Teil des Grundkapitals erreichende Minderheit die Ernennung von Liquidatoren beim Gericht [2]) beantragen. Als Voraussetzungen für die Geltendmachung dieses Rechts durch die qualifizierte Minderheit schreibt das Gesetz vor, daß die letztere einen sechsmonatlichen Besitz glaubhaft macht [3]), und das Verlangen durch die Angabe wichtiger Gründe rechtfertigt Die Begründung wird dahin zu erfolgen haben, daß die eingesetzten Liquidatoren für ihr Amt als ungeeignet angesehen werden müssen, und deshalb ein Eingreifen des Gerichtes notwendig erscheint. Da es sich hierbei um einen Akt der freiwilligen Gerichtsbarkeit handelt, so sollen möglichst gemäß § 146 FGG. auch die Gegner, worunter die Gesellschaft zu verstehen ist, gehört werden; denn es wird doch angenommen, daß von dem zur Bestellung von Liquidatoren berufenen obersten Organ, der Generalversammlung, Abhilfe nicht zu erlangen war. In einem solchen Falle wird die Gesellschaft, falls bereits Liquidatoren ernannt sind, durch diese vertreten. Andernfalls entfällt die Anhörung.

Die Entscheidung darüber, ob wichtige Gründe vorliegen oder nicht, liegt im freien Ermessen des Gerichts. Jedoch ist der Richter, obwohl es im Gesetz heißt, daß die Ernennung durch das Gericht erfolgen „k a n n“, nach unserer Ansicht verpflichtet, dem Antrag nachzukommen, sofern er ihn für begründet hält. Es liegt nicht im Sinne des Gesetzes, darüber hinaus die Entscheidung von der Willkür des Richters abhängig zu machen [4]).

Gegen die Entscheidung des Gerichts ist das Rechtsmittel der sofortigen und weiteren sofortigen Beschwerde gegeben.

Wenn das Gesetz auch vorschreibt, daß nur Aktionäre, deren Anteile 5% des Grundkapitals betragen, den Antrag stellen dürfen, so wird man doch annehmen dürfen, daß auch e i n Aktionär dieses Recht haben soll, sofern die Bedingungen

[1]) Fischer bei Ehrenberg S. 402.
[2]) § 145 FGG.
[3]) Vg. S. 14 ff. dieser Arbeit.
[4]) Vgl. S. 16 ff. dieser Arbeit.

des § 295 Abs. 2 HGB. erfüllt sind. Ja sogar auf Antrag irgendeines Beteiligten, insbesondere eines Gläubigers der Gesellschaft, kann das Gericht in dringenden Fällen, falls die erforderlichen Liquidatoren nicht vorhanden sind, für die Zeit bis zur Hebung des Mangels, Liquidatoren bestellen; denn man wird hier die Bestimmungen des BGB. ersatzweise zur Anwendung kommen lassen können [1]).

Die Abberufung der Liquidatoren erfolgt in der gleichen Weise wie die Bestellung. Unverständlich erscheint, warum Staub [2]) der Minderheit (wie dem Aufsichtsrat) das Recht absprechen will, einen Antrag auf Abberufung beim Gericht zu stellen, besagt doch der 3. Absatz des § 295 HGB. „Die Abberufung von Liquidatoren kann durch das Gericht unter denselben Voraussetzungen wie die Bestellung stattfinden.“ „Unter denselben Voraussetzungen“ soll aber heißen, wenn ein auf Abberufung der Liquidatoren gehender Antrag der Minderheit (bzw. des Aufsichtsrates) vorliegt, die Antragsteller Aktien in Höhe von 5% des Grundkapitals seit mindestens 6 Monaten innehaben und das Vorliegen wichtiger Gründe glaubhaft machen [3]). Gleichgültig ist, ob es sich um Liquidatoren handelt, die satzungsmäßig, gesetzlich von der Generalversammlung oder vom Gericht berufen sind; ebenso auch ist es gleichgültig, welche Minderheit die Abberufung fordert, ob es dieselbe ist, die die Ernennung beantragte oder eine andere.

Liquidatoren, die das Gericht ernannt hat, dürfen jedoch nicht durch die Generalversammlung ihres Amtes enthoben werden, weil dadurch das richterliche Ernennungsrecht illusorisch gemacht werden würde, auch nicht durch einstimmigen Beschluß; denn dafür gibt das Gesetz keinen Anhalt.

Die Kosten der gerichtlichen Liquidatorenbestellung hat, da sie im Interesse der Gesellschaft liegt, auch diese zu tragen. Lehnt dagegen das Gericht ein Eingreifen ab, so haben die Antragsteller die Kosten selbst zu tragen; denn in diesem Falle liegt, wie der Gerichtsbeschluß dokumentiert, ein Gesellschaftsinteresse zur Bestellung anderer als der bereits tätigen Liquidatoren nicht vor [4]).

---

[1]) §§ 29, 48 BGB. Vgl. RGE. Bd. 68, S. 180, 74, 300; Kammergericht in Entsch. FG. III, S. 25 ff.; Johow-Ring, Bd. XXIII, A 105, sowie KG. bei Bauer 15, 31; so auch Fischer, S. 243; Lithauer-Mosse, Anm. 3 zu § 295 HGB.; A. A. Makower § 295 I c, der sich wohl für Anwendung von § 29, aber inkonsequenterweise nicht für § 48 BGB. entscheidet.

[2]) Anm. 10 zu § 295 HGB.

[3]) In diesem Sinne auch Horrwitz, „Recht der Generalversammlung pp.“, S. 309; Lehmann-Ring, Anm. 6 u. 4 zu § 295 HGB.

[4]) Horrwitz a. a. O., S. 309.

6. Das Recht der Anfechtung eines Generalversammlungsbeschlusses.

Das im folgenden dargestellte in der Praxis wohl am häufigsten vorkommende Schutzrecht der unabhängigen Aktionäre, das im § 271 HGB. geregelte Anfechtungsrecht, geht zurück auf die im englischen und französischen Recht vertretene Ansicht, daß der Aktionär als solcher ein „Recht auf gesetz- und statutenmäßige Verwaltung" der Aktiengesellschaft habe, und daß ihm aus der Verletzung von Gesetz oder Statut ein Recht auf Geltendmachung des dort niedergelegten für alle Gesellschaftsorgane maßgebenden Gesellschaftswillens zusteht [1]). Die Unterwerfung des einzelnen Aktionärs unter den Willen der Mehrheit der Generalversammlung reicht eben nur so weit, als sich die Mehrheit innerhalb der ihr durch Gesetz und den Gesellschaftsvertrag eingeräumten Befugnisse hält.

Den Grundsatz, daß der Aktionär ein Recht auf gesetz- und statutenmäßige Verwaltung der Aktiengesellschaft habe, hatte sich auch schon vor der Novelle von 1884 die deutsche Judikatur zu eigen gemacht [2]), besonders nach den wegen der großen Schwindeleien berüchtigten Gründerjahren. Da die Notwendigkeit einer gesetzlichen Niederlegung des Anfechtungsrechtes immer mehr hervortrat, kam man im Entwurf des Reichsjustizamtes zum neuen HGB [3]) auf den Gedanken, ein staatliches Anfechtungsrecht vorzusehen. Dieses wurde aber, während im Reichstage selbst die Meinungen über die Zweckmäßigkeit einer derartigen Vorschrift auseinandergingen [4]), infolge der ablehnenden Kritik der Praxis in die Reichstagsvorlage nicht mehr aufgenommen wurde [5]), worauf man schließlich zu der heutigen Regelung gelangte [6]).

Die Anfechtungsbefugnis eines Generalversammlungsbeschlusses steht nach § 271 HGB. Abs. 3 jedem in der Generalversammlung erschienenen Aktionär unter der Voraussetzung zu, daß er gegen den Beschluß Widerspruch zu Protokoll erklärt hat; dem nicht in der Generalversammlung erschienenen Aktionär dagegen nur dann, wenn er zu der Generalversammlung unberechtigterweise nicht zugelassen worden oder wenn eine ungenügende Berufung oder Bekanntmachung erfolgt ist, ferner in gewissen Fällen auch einer Minderheit von Aktionären.

---

[1]) Vgl. Bachmann, S. 128.
[2]) ROHG. Bd. 23, S. 273.
[3]) § 250, Denkschrift I, S. 150.
[4]) Stenographischer Bericht 896—97, S. 55, 66 ff.
[5]) Denkschrift II, S. 164.
[6]) § 271 ff.

Die Frage der Zugehörigkeit des Anfechtungsrechts des Einzelaktionärs zu den Minderheitsrechten ist in der Literatur sehr bestritten [1]. Hinsichtlich der Form seiner Geltendmachung ist es allerdings insofern von den anderen Minderheitsrechten dadurch verschieden, daß es von jedem Aktionär, auch wenn er nur eine einzige Aktie besitzt, geltend gemacht werden kann, und in diesem Fall nicht ein bestimmter Teil des Gesellschaftskapitals dazu erforderlich wird. Aus diesem Grunde rechnet es Horrwitz, der in der ganzen Rechtsprechung die Neigung sieht, den Einzelaktionär nicht als Vertreter der Gesellschaft erscheinen zu lassen, nicht dazu [2]. Jedoch steht der weitaus größte Teil der Ansichten auf dem Standpunkte, daß der Aktionär bei der Erhebung der Anfechtungsklage die Tätigkeit eines Organes ausübt [3]. Wie bei den besprochenen Minderheitsrechten geht auch der wirtschaftliche Zweck dieses Rechtes dahin, den Einzelnen gegen eine Vergewaltigung durch die Mehrheit zu schützen. Der juristische Charakter dieses Rechtes unterscheidet sich nicht von dem der anderen zu den Minderheitsrechten zu zählenden Rechtsnormen. Die Erscheinung, daß ein einzelner Aktionär mit Wirkung für die Gesamtheit Handlungen der Orange erzielen oder sogar selbst als Organ funktionieren kann, tritt auch sonst im Aktienrecht auf, wie überhaupt die Teilnahme der Aktionäre unter diesem Gesichtspunkt zu bringen ist [4]. Der anfechtende Aktionär stützt seine Anfechtungsklage auf die Verfassung der Aktiengesellschaft und behauptet von dem angefochtenen Generalversammlungsbeschluß, daß er eine willkürliche Verletzung der durch das Gesetz bzw. der durch die Aktiengesellschaft sich selbst gegebenen Verfassung enthalte. Er wird zum Körperschaftsorgan berufen und vertritt damit die Gesamtheit der Aktionäre [5].

Daß die einer bestimmten Aktionärgruppe zugesprochene Befugnis, zu hohe Abschreibungen anfechten zu können, den Charakter eines Minderheitsrechtes hat, wird wohl nur von Rehfeldt [6] bestritten. Er ist der Ansicht, daß diese Bestimmung zum Schutze der Mehrheit vor ungerecht-

---

[1] § 271 ff. HGB.

[2] Horrwitz a. a. O., S. 49, 50; auch Rehfeldt (S. 39) leugnet die Rechtsnatur des Anfechtungsrechtes als Minderheitsrecht, weil es nicht die Eigenschaften der Vertretungsrechte besitze, zu denen er die Minderheitsrechte zählt.

[3] Vgl. Lehmann, Recht der Aktien-Gesellschaft, S. 221; Fischer bei Ehrenberg, S. 207; Rehm, S. 207; Esser, S. 144; Cosack, § 229 I; RGE. Bd. 76, S. 245.

[4] Vgl. Lehmann, a. a. O.

[5] Vgl. Cosack, a. a. O.

[6] S. 36.

fertigten Anfechtungsklagen geschaffen worden ist. Wenn dem so wäre, so hätte das Gesetz doch wohl die Anfechtung von einem Mehrheitsbeschluß abhängig machen müssen. Aber dadurch wäre ja die Minderheit zu sehr benachteiligt, und um ihr die Anfechtungsmöglichkeit nicht zu nehmen, ist dieser Ausweg eingeschlagen worden.

Die materiellen Grundlagen der Anfechtung sind gegeben, wenn ein Beschluß der Generalversammlung ergangen ist, und dieser Beschluß das Gesetz oder den Gesellschaftsvertrag verletzt. Gegenstand der Anfechtung ist also gemäß § 271 Abs. 1 HGB. der Beschluß einer Generalversammlung. Darunter versteht man zunächst mit Stimmenmehrheit gefaßte Beschlüsse. Ebenso gehören hierher auch solche, bei denen kraft Gesetzes die Zustimmung einer gewissen Minderheit bereits genügt. Das Verlangen der Minderheit muß aber in der Generalversammlung ausdrücklich geltend gemacht werden, da ein solches in rechtlicher Beziehung als Generalversammlungsbeschluß anzusehen ist [1]). Ferner gehört hierher die Vornahme von Wahlen, denn auch sie stellen sich als Generalversammlungsbeschlüsse dar, da im zweiten Absatz des § 251 HGB. gesagt ist, daß für Wahlen im Gesellschaftsvertrage andere Bestimmungen getroffen werden können. Daraus geht hervor, daß, wenn die Generalversammlung durch Mehrheit der abgegebenen Stimmen eine Wahl vornimmt, diese Wahl ein Beschluß der Generalversammlung ist [2]). Ob auch die Ablehnung eines Antrages als Beschluß aufzufassen ist, ist sehr bestritten [3]). Nicht jeder abgelehnte Antrag kann als Generalversammlungsbeschluß angesehen werden. Man wird aber immer dann die Ablehnung eines Antrages einem Beschluß gleichsetzen können, wenn in ihm gleichzeitig ein positiver Beschluß enthalten ist. In solchen Fällen hat nämlich die Ablehnung positive Folgen. In der Ablehnung drückt die Mehrheit ihren verneinenden Willen aus und erhebt das Gegenteil zum Beschluß. So hat auch das Reichsgericht [4]) in der Ablehnung des Antrages, daß ein Vertrag nichtig ist, die positive Verweigerung der Anerkennung und damit die Untersagung an Vorstand und Aufsichtsrat gefunden, ihre gesetzlichen Pflichten aus dem Ver-

---

[1]) Vgl. S. 22 ff. dieser Arbeit; außerdem KJG. Bd. 20, S. 171.

[2]) Bolze, Die Praxis des RG. in Zivilsachen, Leipzig, Bd. 12, S. 288; Zeitschr. f. d. ges. Handelsrecht, Bd. 40, S. 467; Brand, § 271 Anm. 2 b; Makower, § 251 Anm. 4; Ritter, § 271 Anm. 2.

[3]) Dafür Brand, S. 693; Fürst, in LZ. 1912, S. 517; Horrwitz, S. 77; Hueck, S. 47; RGE. Bd. 76, S. 244; a. A. Fleischmann in DJZ. 02, S. 293.

[4]) RGE. Bd. 107, S. 170.

trage zu erfüllen. Wollte man hier anders entscheiden, so wäre es ein Leichtes, durch Anträge, welche dem voraussichtlichen Willen der Mehrheit widersprechen, Gegenstände der Beschlußfassung und der Anfechtung durch den einzelnen bzw. die Minderheit zu entziehen.

Ein in gesonderter Abstimmung gefaßter Beschluß der Aktionäre einer Aktiengesellschaft unterliegt gleichfalls der Anfechtung. Gedacht ist hierbei nur an die Beschlußfassung, die einer bestimmten Gruppe von Aktionären vorbehalten ist, z. B. im Falle des § 275 Abs. 3 HGB., der einzig die Minderheit vor der Ausbeutung durch die Mehrheit schützen soll [1]). Vorausgesetzt ist hierbei lediglich, eine besondere Ankündigung dieser Beschlußfassung, da sonst der Sonderbeschluß ungültig ist.

Nicht anfechtbar sind außerhalb der Generalversammlung gefaßte Beschlüsse, sofern sie z. B. durch schriftliche Zustimmung der Aktionäre vollzogen sind. Ebensowenig ist die Anfechtungsklage gegeben, wenn ein so schwerer Verstoß gegen die Formvorschriften der Einberufung einer Generalversammlung vorliegt, daß von einer Einberufung überhaupt nicht mehr die Rede sein kann [2]). Auf diese Art und Weise zustandegekommene Vereinbarungen sind nichtig, daher kann — wie übrigens gegen alle ungesetzlichen Beschlüsse — die Einrede der Nichtigkeit geltend gemacht werden, und zwar von jedem, auch dritten Personen. Einer besonderen Feststellung der Nichtigkeit bedarf es nicht.

Als weitere Voraussetzung der Anfechtung des § 271 HGB. wird verlangt, daß durch einen Generalversammlungsbeschluß das Gesetz oder Statut verletzt ist. Der Umstand, daß der Beschluß mit einem von der Gesellschaft geschlossenen Vertrage in Widerspruch steht, ist nicht genügend [3]). Es muß also eine Rechtsverletzung vorliegen. Nicht genügt die Verletzung der Interessen der Gesellschaft oder der Aktionäre, wenn nicht zugleich gegen die Rechtsnormen verstoßen worden ist [4]). Unter den Begriff der Rechtsnorm fallen alle die Regelung von Rechtsverhältnissen betreffenden Bestimmungen, die von der gesetzgebenden Gewalt des Reiches oder eines Bundesstaates oder von sonst einem staatlichen Organ innerhalb seiner Zuständigkeit erlassen sind. Dahin gehören also nicht nur Gesetze in höherem Sinne, sondern auch die von den Ministerien oder von untergeordneten Behörden innerhalb ihrer Zuständigkeit getroffenen Verfü-

[1]) Brand, § 271, Anm. 2 B a.
[2]) Vgl. auch Makower, S. 626.
[3]) RGE. Bd. 83, S. 380; JW. Bd. 14, S. 305.
[4]) Ehrenberg, S. 201.

gungen der gedachten Art [1]). Gesetz ist jede Rechtsnorm [2]). Unter Rechtsnorm ist aber auch das Handelsgewohnheitsrecht im weitesten Sinne zu verstehen. Völlig ohne Einfluß ist, ob ein vermögensrechtliches Interesse der anfechtenden Aktionäre der Gesellschaft verletzt ist. Was statuten- oder gesetzwidrig ist, hört um deswillen nicht auf, rechtswidrig zu sein, weil es aus vermögensrechtlichen, sozialen oder sittlichen Gründen geboten ist [3]). Ob die Anfechtung auch auf sogenannte Sollvorschriften gestützt werden kann, läßt sich generell nicht sagen. Es kommt hier jedesmal auf die besondere Lage des Einzelfalles an, besonders darauf, ob die Sollvorschrift nichts weiter als eine bloße Ordnungsvorschrift ist oder eine Vorschrift, deren Verletzung für den Aktionär von nicht unerheblichem Nachteil ist.

Anlaß zur Anfechtung werden am häufigsten Verletzungen der Vorschriften des HGB. geben, z. B. über die Wahl des Ortes der Generalversammlung [4]), über die Ankündigung der Tagesordnung, [5]) über die Dividendenfestsetzung [6]), über die Entlastung [7]), Beschlußfassung mit einfacher, statt erhöhter Mehrheit [8]). Aber auch Verletzungen der Strafbestimmungen des Aktienrechts, wie z. B. Nießbrauch der Aktie nach § 318 HGB.[9]), Bestechung nach § 318 HGB., wissentlich falsche Darstellungen nach § 314 HGB. begründen eine Anfechtungsklage. Eine Gesetzesverletzung kann weiter auf Verletzung eines anderen als des Handelsrechts beruhen. Der Rechtsgedanke, der den §§ 138, 826 HGB. zugrunde liegt, hat immer mehr allgemeine Anwendung auf Generalversammlungsbeschlüsse gefunden [10]). Solche gegen die guten Sitten verstoßenden Beschlüsse sind nicht anfechtbar, sondern vollkommen nichtig [11]). Ob ein Handeln gegen die guten Sitten vorliegt oder nicht, ist Auslegungsfrage [12]). Neuerdings hat

---

1) Goldmann, § 271 Ziff. 6; Riesser, 76, 2.

2) Art. 2 EGBGB; § 12 EG.

3) RGE. Bd. 3, S. 126; Bd. 40, S. 35; OLG. Hamburg Bd. 8, S. 386; Goldmann, § 271, Ziff. 7; Ritter, § 271, Anm. 2; Horrwitz, S. 85; Bolze 6, 251; Staub-Pinner, Anm. 2 zu § 271.

4) RGE. Bd. 44, S. 8.

5) RGE. Bd. 68, S. 232.

6) RGE. Bd. 22, S. 158.

7) RGE. Bd. 34, S. 57.

8) RGE. Bd. 75, S. 239.

9) OLG. Hamburg in ZHR. Bd. 40, S. 467.

10) RGE. Bd. 3, S. 132; Bd. 36, S. 136; Bd. 37, S. 65; Bd. 68, S. 242; Bd. 82, S. 170; Bd. 107, S. 71 u. 74; zu vergleichen auch Ritter, § 271, Anm. I b; Staub-Pinner, Anm. 3 zu § 271; Fischer, S. 202, Anm. 1 u. Josef bei Holdheim 23, 98; Eltzbacher, S. 179.

11) RGE. bei Bauer 20, 247 und im „Recht" 1915, S. 395.

12) Vgl. Staub-Pinner, a. a. O.

das Reichsgericht [1]) weitergehend als bisher auch für formelle Verstöße, die an sich nur anfechtbar sind, z. B. fehlerhafte Ankündigung der Tagesordnung, unberechtigtes Mitstimmen von Aktionären, mangelnde Auskunftserteilung, entschieden, daß sie „unter dem einheitlichen Gesichtspunkte der Sittenwidrigkeit" zu prüfen seien. Kann sich also der Aktionär auf Verletzung der §§ 138 oder 926 BGB. berufen, so ist ihm dadurch eine außerordentlich scharfe Waffe in die Hand gegeben, die Mehrheit an der unbedingten Durchsetzung ihres Willens zu hindern.

Ein ursächlicher Zusammenhang braucht zwischen dem Beschluß und der Verletzung des Gesetzes oder Statuts nicht zu bestehen [2]). Es wird vielmehr vermutet, daß der Beschluß auf der Verletzung des Gesetzes oder Statuts beruht, so daß der anfechtende Aktionär einen dahingehenden Beweis nicht zu führen braucht. Da es aber nicht der Wille des Gesetzes sein kann, daß auch eine solche Verletzung die Befugnis zur Anfechtung geben solle, die auf das Ergebnis offensichtlich oder nachweisbar ohne Einfluß gewesen ist und keinen Einfluß gehabt haben kann [3]), so hat die Praxis, obwohl eine ausdrückliche diesbezügliche Gesetzesbestimmung nicht besteht, den Einwand der Gesellschaft zugelassen, daß auf den angefochtenen Beschluß die Verletzung des Statuts oder Gesetzes einflußlos gewesen sei [4]). Dieser Beweis hat die Gesellschaft zu erbringen und zwar dahin, daß die Verletzung sicher ohne Einfluß war [5]). Dagegen gibt schon die Möglichkeit einer ursächlichen Verknüpfung der Klage Raum. Erbringt die Gesellschaft den Nachweis, daß auch nicht einmal die Möglichkeit einer Beeinflussung besteht, so wird sie dadurch gewöhnlich eine Abweisung der Anfechtung nach § 226 BGB. erreichen.

In einer Entscheidung im 105. Bande [6]) ist das Reichsgericht so weit gegangen, auch dann, wenn eine Nichtigkeit vorliegt, den Beweis der Ordnungsmäßigkeit des Herganges und der Einflußlosigkeit zuzulassen. Dem kann nicht bei-

---

[1]) RGE. Bd. 107; Nord, S. 76; Flechtheim i. JW. 1925, S. 573.
[2]) RGE. Bd. 36, S. 26; OLG. Köln, Holdheim 05, S. 216.
[3]) RGE. Bd. 90, S. 208.
[4]) Im gleichen Sinne Pinner, Aktienrecht, § 271, V, 1; Bolze, 17, Nr. 531; 23, Nr. 583; Brand, § 271, Anm. 2 B e; Makower, S. 627; Horrwitz, S. 83; Fischer, S. 207, Anm. 24; Fuld in Zeitschrift f. Akt.-Wesen 14, 4; Staub-Pinner, Anm. 4 zu § 271; RGE. Bd. 65, S. 242; Bd. 103, S. 8; zu vergleichen auch Bd. 106, S. 263; Bd. 108, S. 325; Bd. 110, S. 197; LZ. 1917; 1057[2]; 1920, 763[9]; JW. 1925, S. 1277 [10]; a. A. Lehmann-Ring, Nr. 3 zu § 271; Rehm, S. 800.
[5]) Vgl. vor allem RGE., Bd. 110, S. 197.
[6]) S. 373.

gestimmt werden, weil dadurch die doch vom Gesetz aufgestellten diesbezüglichen Nichtigkeitsvorschriften hinfällig gemacht werden würden [1]).

Anfechtungsberechtigt ist zunächst, wie erwähnt, der in der Generalversammlung erschienene Aktionär, sofern er gegen den Beschluß Widerspruch zu Protokoll erklärt hat [2]). Es ist aber nicht notwendig, daß der Aktionär persönlich erschienen ist. Als anwesend gilt auch, wer sich durch Bevollmächtigte, die aber nach § 212 Abs. 2 HGB. mit schriftlicher Vollmacht versehen sein müssen, vertreten läßt [3]). Zur Anfechtung befugt ist ferner, wer zwar anwesend ist, aber des Stimmrechts entbehrt [4]). Selbst dann hat der Aktionär die Anfechtungsklage, wenn er nur einem Teile der Generalversammlung beigewohnt hat, aber gegen einen Beschluß, der in seiner Gegenwart gefaßt wurde, Widerspruch erklärt hat. Voraussetzung für die Anfechtungsmöglichkeit des in der Generalversammlung erschienenen Aktionärs ist also, daß er dem Beschluß widersprochen hat. Es genügt also nicht, daß nur dem später zum Beschluß erhobenen Antrag Widerstand entgegengesetzt wurde. Auf den Unterschied zwischen Antrag und Beschluß ist ganz besonders zu achten. Das Gesetz verlangt nicht nur Konstatierung des Nichteinverständnisses, sondern daß der Wille, die Rechtsverbindlichkeit der Entscheidung der Versammlung nicht anerkennen zu wollen, förmlich und ausdrücklich durch Widerspruch zur Verkörperung gelangt [5]). Der Widerspruch muß ausdrücklich zu Protokoll erklärt werden. Es genügt nicht ein bloßes Stimmen gegen den Beschluß [6]), ebensowenig Stillschweigen oder konkludentes Handeln, aus dem auf Widerspruch geschlossen werden soll. Für die Geltendmachung des Anfechtungsrechtes ist nicht unbedingt erforderlich, daß der Widerspruch auch wirklich vermerkt wird. Es genügt bereits die Tatsache; jedoch liegt die Beweislast dem Kläger ob. Daß die Erklärung stets vor der Beschlußfassung erfolgt sein muß, wie Esser fordert [7]), ist nicht notwendig. Auch das Gesetz schreibt hierüber nichts vor. Der Widerspruch braucht keine Begründung zu enthalten. Daher ist selbst,

---

[1]) Vgl. auch Staub-Pinner, a. a. O., Anm. 11 zu § 259 und Am. 16 zu § 273.

[2]) RGE. Bd. 20, S. 141; Bd. 22, S. 158; Bd. 30, S. 51; Bd. 36, S. 24.

[3]) RGE. in Holdheim, 97, 121.

[4]) JW. 97, 112; Ritter, § 271, Anm. 5; Lehmann-Ring, Nr. 9.

[5]) Vgl. Fuld, Z. f. Akt.-Wes., 04, 3.

[6]) Zeitschr. f. Akt.-Wes. 8, 222; Hanseat. Ger. Ztg. 01, S. 118; Hergenhahn, S. 125; Brand, S. 695.

[7]) S. 145; übereinstimmend mit der hier vertretenen Ansicht Petersen u. Pechmann, S. 227; Makower, S. 628; RGE. Bd. 53, S. 292.

wenn dies geschehen, der Anfechtende doch nicht an sie gebunden, vielmehr bezüglich der von ihm zu erhebenden Anfechtungsgründe nicht beschränkt [1]). Dagegen muß angenommen werden, daß auch ein nachträgliches Gutheißen eines Beschlusses, z. B. konkludentes Handeln, die Berechtigung zur Anfechtung aufhebt [2]). Das Anfechtungsrecht geht aber nicht durch Annahme der Dividende trotz Widerspruchs gegen den Gewinnverteilungsbeschluß [3]) oder durch die Teilnahme an einer nicht ordnungsmäßig berufenen Generalversammlung verloren, wenn Widerspruch erklärt wird [4]).

Zur Anfechtungsklage von Generalversammlungsbeschlüssen ist ferner ein Aktionär berechtigt, der nicht erschien, weil er zu der Generalversammlung unberechtigterweise nicht zugelassen wurde, oder der die Anfechtung darauf begründete, daß die Versammlung nicht gehörig berufen oder die Ankündigung des Gegenstandes der Beschlußfassung nicht gehörig erfolgt sei. Ein Aktionär, der sich auf diese Gründe für sein Fernbleiben nicht berufen kann, hat kein Anfechtungsrecht, da im allgemeinen in seinem Nichterscheinen ein stillschweigendes Einverständnis mit den Beschlüssen, die während seiner Abwesenheit in der Generalversammlung gefaßt werden, gesehen werden muß. Durch sein Fernbleiben verzichtet er auf das wichtigste Mitgliedschaftsrecht, nämlich die Möglichkeit, durch sein Stimmrecht auf die Verwaltung und Geschäftsführung der Gesellschaft einzuwirken. Jeder Aktionär hat das Recht zur Teilnahme an der Generalversammlung, und seine wichtigste Befugnis hierbei ist das Stimmrecht. Wenn also ein Aktionär an einer Generalversammlung nicht teilnehmen darf oder aus ihr fortgewiesen wird, obwohl dies weder dem Gesetz, noch dem Gesellschaftsvertrage entspricht, so ist er zur Anfechtung aller in dieser Generalversammlung gefaßten Beschlüsse berechtigt. Der Nichtzulassung steht bezüglich der späteren Vorgänge die Fortweisung unter Zwang oder rechtswidriger Drohung gleich [5]).

Ferner ist der nichterschienene Aktionär zur Anfechtung berechtigt, wenn die Generalversammlung nicht gehörig berufen oder die Ankündigung des Gegenstandes nicht in der durch das Gesetz oder den Gesellschaftsvertrag vor-

---

[1]) RGE. Bd. 12, S. 161; Bd. 20, S. 141; Bd. 22, S. 161; Bolze 12 S. 288; JW. 98, 462; 03, 390; Seuff. Arch. 47, 131; OLG. Hamburg ZHR. 40, 467; Makower, § 271, V a; Brand, Anm. 5 A c.

[2]) RGE. Bd. 22, S. 161.

[3]) Holdheim 93, 47.

[4]) RGE. i. Str. 29, 385; JW. 98, 462.

[5]) Makower, § 271 V 3.

geschriebenen Weise erfolgt ist. Eine nichtgehörige Berufung oder Bekanntmachung liegt in dem Verstoß gegen die §§ 255 bis 257 HGB. oder gegen die im Gesellschaftsvertrage getroffenen Bestimmungen. Ein solcher Verstoß gegen die im Gesetz oder Gesellschaftsvertrage aufgestellten Anordnungen liegt vor, wenn in irgendwelchen vom Statut nicht vorgesehenen Blättern die Bekanntmachung erfolgt, oder wenn die Ankündigung nur ganz allgemein gehalten ist, so daß man sich nichts Bestimmtes darunter vorstellen kann, ebenso wenn sie etwa eine Verschleierung enthält. Nur die richtige Berufung braucht der Aktionär zu beachten; jedoch geben ihm nur unerhebliche Abweichungen kein Recht zur Anfechtung. Ein Fehler bei der ersten Bekanntmachung kann übrigens durch eine rechtzeitige zweite ordnungsmäßige Einladung geheilt werden [1]).

Neben den vorstehend erörterten Fällen, in denen jedem einzelnen Aktionär beim Vorliegen der gesetzlich vorgeschriebenen Voraussetzungen ein Recht zur Anfechtung gewährt wird, ist das Anfechtungsrecht in einem Falle an die Voraussetzung des Eigentums von 5% des Grundkapitals geknüpft, nämlich dann, wenn sich die Klage darauf gründen soll, daß durch den Beschluß Abschreibungen oder Rücklagen über das gesetzliche oder statutarische Maß hinaus angeordnet sind. Diese Maßregel will, wie Staub sagt, „die Sorgsamkeit und Vorsicht in der Bewertung, die Stärkung der wirtschaftlichen Grundlagen der Gesellschaft durch möglichste Zurückhaltung von Werten begünstigen und dem einzelnen Aktionär die Anfechtung da erschweren, wo die sorgsame Mehrheit der Aktionäre sich mit niedrigeren Dividenden im Interesse des Gedeihens der Gesellschaft bescheidet“ [2]). Voraussetzung für die Anfechtung durch die den 10. Teil des Grundkapitals erreichende Minderheit ist, daß die der Minderheit angehörenden Aktionäre zu der Generalversammlung erschienen sind und gegen den Beschluß Widerspruch zu Protokoll erklärt haben. Erforderlich ist ferner, daß die Minderheit, die zum Widerspruch berechtigt ist, auch anficht. Jedoch ist nicht notwendig, daß die ganze Minderheit die Anfechtungsklage erhebt; vielmehr genügt, wenn die Anfechtungskläger zur Minorität gehören [3]). Ist ein einzelner Aktionär nicht im Besitze von Aktien in der vorgeschriebenen Höhe, so dringt er nur durch, wenn sich zu ihm eine Minorität hinzufindet, deren Aktienbesitz die

---

[1]) Bolze 4, Nr. 808.

[2]) Staub-Pinner, Anm. 11 zu § 271; vgl. auch Komm. Ber. S. 94; RGE. Bd. 72, S. 36.

[3]) Dresden, Respr. 6, 508.

vom Gesetz vorgeschriebene Höhe erreicht. Die Minderheit muß dann gemeinsame Klage erheben, da die Klage, sofern sie einzeln geführt wird, unbegründet ist und abgewiesen wird. Selbst die Verbindung dieser einzelnen unbegründeten Klagen führt zu keiner wirksamen. Die Minderheit muß mindestens bis zur Klageerhebung bestanden haben. Jedoch genügt, daß die Anfechtenden zur Minderheit gehört und die vom Gesetz vorgeschriebene Höhe des Aktienbesitzes repräsentieren [1]).

Im Gegensatz zum früheren Recht ist heute die Ausübung des Anfechtungsrechtes nicht dadurch bedingt, daß der Aktionär bzw. die Minderheit die Aktien hinterlegt. Es genügt der Nachweis, daß die Anfechtende eine Aktie, im Falle des Abs. 3 die klagende Minderheit 5% des Grundkapitals besitzt. Dieser Nachweis muß auf Verlangen des Gerichts oder des Gegners jeder Zeit geführt werden.

Anders als nach den Grundsätzen der §§ 119 ff. BGB. wird hier die Anfechtung durch Erhebung der Klage geltend gemacht. Für ihre Durchführung gibt § 272 HGB. einige prozessuale Bestimmungen. Als passiv Legitimierte kommt nur die Gesellschaft in Betracht. Sie wird durch den Vorstand oder den Aufsichtsrat oder, wenn die Klage sich gegen den ersteren richtet, durch den letzteren allein vertreten. Ausschließlich zuständig für die Klage ist sachlich und örtlich das Landgericht, in dessen Bezirk die Gesellschaft ihren Sitz hat [2]). Die Entscheidungen werden, da es sich ausschließlich um Regelung von Rechtsverhältnissen zwischen einer Handelsgesellschaft und ihren Mitgliedern handelt, von der Kammer für Handelssachen gem. § 101 Abs. 3 GVG. getroffen. Da das Landgericht für alle Anfechtungsprozesse ohne Rücksicht auf den Wert des Streitgegenstandes, der sich übrigens nur nach dem Interesse des Klägers bestimmt [3]), ausschließlich zuständig ist, so folgt aus § 547 Ziff. 2 ZPO., daß die Revision stets zulässig ist.

Die im vorhergehenden erwähnten Personen sind nur dann zur Klageerhebung berechtigt, wenn sie zur Zeit der Anhängigmachung der Klage Aktionäre sind und während der Dauer des Rechtsstreites Aktionäre bleiben.

Bestritten ist die Frage, in welche Gattung von Klagen die Anfechtungsklage einzuordnen ist. Eine Leistungsklage kann die hier in Frage stehende ihrer Art nach nicht sein, weil sie nicht auf eine Leistung geht. Auch zur Gruppe der

---

[1]) Ehrenberg, S. 211.
[2]) § 272 Abs. 2, Satzl. HGB.
[3]) RGE. Bd.24, S.427; Bd.48, S.382; Bolze 22, 319; Holdheim 97, 97.

Feststellungsklagen gehört sie nicht, da bei einer solchen das Urteil hinsichtlich des streitigen Gegenstandes nur rein deklaratorische Bedeutung hat. Die Anfechtungsklage ist vielmehr, weil auf Grund des Urteils Nichtigkeit des Generalversammlungsbeschlusses eintritt (und zwar mit rückwirkender Kraft), und somit das Urteil konstitutiv wirkt, eine Rechtsgestaltungsklage [1]).

Die Anfechtungsklage muß binnen einem Monat erhoben werden [2]), der mit dem Tage der Generalversammlung beginnt, auch wenn der Kläger von der Generalversammlung keine Kenntnis hatte. Da die Frist keine Verjährungs-, sondern eine Ausschlußfrist ist, muß das Gericht sie von amtswegen berücksichtigen. Die mündliche Verhandlung erfolgt nicht vor dem Ablaufe eines Monats seit dem Tage der Generalversammlung. Mehrere Anfechtungsprozesse sind zur gleichzeitigen Verhandlung und Entscheidung zu verbinden [3]), ohne Rücksicht darauf, ob sie auf denselben Anfechtungsgrund gestützt sind oder nicht [4]). Zur Verhütung einer leichtfertigen Erhebung der Anfechtungsklage und in Verbindung damit einer gewissen Gefährdung des Gesellschaftskredits kann das Gericht zur Anordnung einer Sicherheitsleistung schreiten, die nach Art und Höhe in sein freies Ermessen gestellt ist. In der Praxis wird es allerdings eine solche Sicherheit nur dann verlangen, wenn ihm die Klage ungerechtfertigt und aussichtslos erscheint. Die Sicherheitsleistung soll zur Deckung etwaiger der Gesellschaft durch die Anfechtungsklage entstandenen Nachteile dienen, sofern der Fall der Haftung nach § 273 Abs. 2 HGB. vorliegt.

Bezüglich der Klageerhebung und des ersten Verhandlungstermins ist dem Vorstand Publizitätspflicht auferlegt. Zu dieser Veröffentlichung kann er gem. § 319 HGB. durch Ordnungsstrafen angehalten werden. Diese Bestimmung bezweckt, dem Aktionär durch die Gesellschaftsblätter eine Kenntnis von dem Anfechtungsstreit zu vermitteln und ihm die Teilnahme als Nebenintervenient an demselben zu ermöglichen. Die gesetzlichen Voraussetzungen für die Anfechtung eines Generalversammlungsbeschlusses hat das Gericht von amtswegen zu prüfen und bei Mangel auch nur einer dieser Voraussetzungen die Klage selbst dann abzu-

---

1) Vgl. Hellwig, Anspruch, S. 463.

2) § 271 Abs. 2 HGB.

3) § 272 Abs. 2 HGB.

4) Die mehreren Anfechtungskläger sind auch bei Verschiedenheit des Anfechtungsgrundes notwendige Streitgenossen im Sinne des § 62 ZPO.

weisen, wenn die Gesellschaft den Mangel nicht rügen will[1]).

Das den Beschluß für nichtig erklärende, rechtskräftige Urteil wirkt für und gegen die Aktionäre, auch gegen die, welche nicht Partei sind[2]). Diese Wirkung des Urteils läßt am besten die Stellung des anfechtenden Aktionärs als Organ der nur einen einzigen Willen besitzenden Gesellschaft erkennen[3]).

Durch einstweilige Verfügung des Prozeßgerichts kann der Gesellschaft auf Antrag des Klägers die Ausführung des Beschlusses untersagt werden.

Hat die Anfechtung keinen Erfolg, ergeht also Abweisung der Klage, so wirkt das Urteil nur zwischen den Parteien, dem Anfechtungskläger und der Aktien-Gesellschaft[4]).

Für einen der Gesellschaft durch unbegründete Anfechtung eines Generalversammlungsbeschlusses entstehenden Schaden haften ihr die Kläger, welchen eine bösliche Handlungsweise zur Last fällt, als Gesamtschuldner[5]). Eine unbegründete Anfechtung liegt vor, wenn materiell die Anfechtung zu Unrecht geltend gemacht war, da der angefochtene Beschluß weder gegen das Gesetz, noch gegen den Gesellschaftsvertrag verstieß. Erfolgte die Abweisung jedoch nur wegen formeller Mängel, so entsteht für den Kläger keinerlei Ersatzpflicht. Nur wenn die Sache auch materiell unbegründet war, so daß die Anfechtung auch aus diesem Grunde zu einer Klagabweisung geführt hat, erscheint im letzteren Fall eine Haftung als geboten, da alsdann die Anfechtung unbegründet erhoben worden ist[6]). Über die weitere Voraussetzung, welche zur begründeten Anfechtung noch hinzutreten muß und sich als bösliche Handlungsweise des Anfechtungsklägers darstellt, sind die erforderlichen Ausführungen bereits im 2. Abschnitt gegeben worden[7]).

Hinsichtlich der formellen Wirkungen des Urteils ist noch zu erwähnen, daß im Falle der Nichtigkeitserklärung des Generalversammlungsbeschlusses durch rechtskräftiges Urteil letzteres unverzüglich zum Handelsregister einzureichen ist[8]). Hierdurch soll allen Beteiligten, da dem Protokoll die

---

[1]) OLG. Hamburg bei Mugdan und Falkmann, Bd. 2, S. 227.
[2]) § 273 Abs. 1 HGB.
[3]) Fischer, S. 207.
[4]) RGE. Bd. 24, S. 429.
[5]) § 273 Abs. 2 HGB.
[6]) Vgl. Brand § 273 4 a; Lehmann-Ring, Nr. 11 zu § 273 HGB. A. A. neuerdings Staub-Pinner, Anm. 8 zu § 273; Behrend § 123, Anm. 22; Makower, S. 641; Goldmann, S. 1132.
[7]) S. 18.
[8]) § 273 Abs. 1.

Anwesenheitsliste und die Berufungsbelege beizufügen sind, Gelegenheit gegeben werden, sich aus den Registerakten fortlaufend über die Rechtslage der Gesellschaft orientieren zu können [1]). Die Eintragung ist nach § 273 Abs. 1 in gleicher Weise wie die des Beschlusses zu veröffentlichen.

Zu erwähnen bleibt noch, daß die Vorschriften des § 271 HGB. einschließlich der einschränkenden Bestimmungen des Abs. 3 Satz 2, wonach die Geltendmachung des Anfechtungsrechtes in gewissen Fällen nur einer dem 20. Teil des Grundkapitals erreichenden Minderheit zugestanden ist, auch für die Reichsmarkeröffnungsbilanzen gelten.

Diese Feststellung ist nämlich wichtig im Hinblick auf § 9 der IV. Durchführungsverordnung zur Goldbilanzverordnung.

Gemäß Abs. 1 genannter Vorschrift sind Aktionäre, deren Aktien zusammen ein Zehntel des auf die Aktienzahlung entfallenden Anteils am Grundkapital erreichen, zur Anrufung der Spruchstelle befugt [2]). Voraussetzung für die Zulässigkeit der Anrufung durch die Aktionäre ist aber, daß ein zur Minderheit gehörender Aktionär, in der Generalversammlung gegen den Beschluß über die Umstellung Widerspruch zu Protokoll erklärt hat [3]). Hier dann können also die Aktionäre die Spruchstelle anrufen, wenn gegen den Umstellungsbeschluß — und zwar durch einen zur Minderheit gehörigen Aktionär — Widerspruch erhoben worden ist. Nach Ablauf eines Monats nach der Generalversammlung ist die Anrufung der Spruchstelle nicht mehr statthaft [4]).

Die Vorschrift ist offensichtlich, wenn auch unter Zugrundelegung anderer Beteiligungsziffern, der Vorschrift des § 271 Abs. 3 HGB. über die Anfechtungsklage nachgebildet.

Auch wird durch diese Vorschrift, wie oben betont, die Gültigkeit des § 271 HGB. für die Reichsmarkeröffnungsbilanz nicht berührt; denn die Goldbilanzverordnung ändert

---

[1]) KGE. Bd. 34, S. 144.

[2]) Gem. § 28 Abs. 4 DB. hatte die Reichsregierung eine Stelle einzurichten, die im Streitfalle oder auf Antrag der Gesellschaft den Teil des Grundkapitals feststellt, der unter Anwendung der Vorschrift in § 28 Abs. 3 DB. auf die Vorzugsaktionäre entfällt. Die Schiedsinstanz tritt nur insoweit in Tätigkeit, als das zunächst berufene Organ, also die Generalversammlung, die maßgebende Entscheidung nicht endgültig fällen kann. Die Spruchstelle ist gem. § 1, IV. DB. bei den Oberlandesgerichten gebildet worden. — Gem. § 1 IV. Durchf. V. ist die Spruchstelle zur Entscheidung über die Anwendung der Vorschrift des § 28, Abs. 1—4, VI. DB. zuständig.

[3]) § 6 Abs. 2, IV. DB.

[4]) § 8 Abs. 3, IV. DB.

das Handelsgesetzbuch nur, soweit es selbst eine derartige Änderung bestimmt. „Der den Grundsatz der Anfechtung allgemein aufstellende § 271 ist aber nicht geändert“ [1]).

Ein dem soeben behandelten entsprechendes Recht ist der Minderheit im § 13 der Verordnung über Goldbilanzen gegeben.

Nach dieser Vorschrift ist zunächst von den Aufsichtsratmitgliedern die Reichsmarkeröffnungsbilanz und der Hergang der Umstellung auf Goldmark zu prüfen. Sodann ist der Generalversammlung über die Prüfung von dem Vorstand und dem Aufsichtsrat schriftlich Bericht zu erstatten [2]).

Die Generalversammlung kann nun mit einfacher Stimmenmehrheit Revisoren zur Prüfung der Reichsmarkeröffnungsbilanz und zur Prüfung des Herganges der Umstellung bestellen. Die Bestimmung hält sich ziemlich wörtlich an die oben erörterte Vorschrift des § 266 Abs. 1 HGB. Die Abstimmung erfolgt nach Aktienbeträgen [3]). Die Minderheit hat ein Recht auf Bestellung von Revisoren durch die Generalversammlung nicht. Wie im § 266 HGB. kann sie aber unter gewissen Voraussetzungen Bestellung durch das Registergericht verlangen.

Erforderlich ist auch hier, daß in der Generalversammlung ein Antrag auf Bestellung von Revisoren zur Prüfung der Eröffnungsbilanz oder zur Prüfung des Herganges der Umstellung abgelehnt worden ist. In diesem Falle können *auf Antrag von Aktionären, deren Anteile zusammen den 10. Teil des Grundkapitals erreichen*, Revisoren durch das Gericht, in dessen Bezirk die Gesellschaft ihren Sitz hat, ernannt werden. Da im § 13 GBV. ausdrücklich die Vorschrift des § 266 Abs. 2 HGB. für anwendbar erklärt wird, so ist daraus zu folgern, daß der Antrag auf gerichtliche Bestellung von Revisoren nur zur Nachprüfung solcher Vorgänge gestellt werden kann, welche nicht länger als zwei Jahre zurückliegen. Im Gegensatz hierzu ist die Bestellung von Revisoren durch die Generalversammlung nach § 13 Abs. 1 an zeitliche Grenzen nicht gebunden. Da bei der gerichtlichen Bestellung die nachzuprüfenden Vorgänge nicht länger als 2 Jahre zurückliegen dürfen, muß infolgedessen genau angegeben werden, welche Vorgänge die Revision zum Gegenstande haben soll. Über die Glaubhaftmachung des sechsmonatlichen Besitzes

---

[1]) Staub-Pinner, Anm. 17 zu § 271 HGB.
[2]) § 13 Abs. 1 GBV.
[3]) Vgl. § 5 GBV.

und über die Hinterlegung der Aktien gilt hier dasselbe wie im § 266 Abs. 3 Satz 2 HGB., da diese Vorschrift hier ebenfalls anwendbar ist. Dasselbe gilt hinsichtlich der Anhörung von Vorstand und Aufsichtsrat vor der Ernennung durch das Gericht.

Insofern ist jedoch die gerichtliche Bestellung von Revisoren zwecks Nachprüfung der Reichsmarkermittlungsbilanz und der Umstellung erheblich erleichtert, als erstens keine Glaubhaftmachung verlangt wird, daß Unredlichkeiten oder grobe Gesetzesverletzungen stattgefunden haben und zweitens die Bestellung nicht von einer Sicherheitsleistung abhängig gemacht wird; denn die Bestimmungen des § 266 Abs. 3 Satz 1 HGB. und § 266 Abs. 4 Satz 2 HGB. finden hier keine Anwendung. Die Geltendmachung des der Minderheit im § 13 GBV. zugestandenen Rechtes ist also im Gegensatz zu dem der Minorität gem. § 266 HGB. gewährten Recht wesentlich vereinfacht.

Bezüglich der Rechtsmittel gegen die Ablehnung des Antrags auf gerichtliche Bestellung und die Kosten der Revision kann auf die diesbezüglichen zu § 266 HGB. gemachten Ausführungen verwiesen werden [1]).

II. Negative Minderheitsrechte.

Unter den negativen Minderheitsrechten sind nach unseren Ausführungen [2]) solche Befugnisse zu verstehen, bei denen zwar einer Minderheit von Aktionären nicht — wie bei den soeben behandelten positiven Minderheitsrechten — ein von der Mehrheit unabhängiges, selbständiges Vorgehen zugestanden wird, ihr wohl aber die Möglichkeit gegeben ist, dadurch, daß sie ihr Stimmrecht entgegen der zur Beschlußfassung über einen bestimmten Punkt erforderlichen Willensrichtung ausübt, zu verhindern — daß ein ihrem Willen entgegengesetzter Entschluß und Beschluß gefaßt wird. Das Vorliegen eines solchen Minderheitsrechtes ist überall da als gegeben anzunehmen, wo der Minorität durch die Forderung einer qualifizierten Mehrheit ein solcher Einfluß gesichert ist, und ebenso da, wo sie durch einfachen Widerspruch eine Beschlußfassung unterbinden kann [3]).

Für die Gruppe von Minderheitsrechten ist die Gefahr,

---

1) Vgl. S. 10 ff. dieser Arbeit.

2) S. 4.

3) Vgl. Horrwitz, Das Recht d. Generalvers., S. 62; Gierke, Genoss. Th. u. d. deutsche Respr., Bln. 1887, S. 267, Nr. 2; Makower, § 207, II C u. § 250, I; Däumling, S. 39; Rehfeldt, S. 19; a. A. Bachmann, S. 110.

die den Minderheitsrechten im allgemeinen durch die Ausgabe von Aktien mit mehrfachem Stimmrecht droht, noch größer. Infolge des hohen Stimmwerts dieser Aktien nämlich wird es nur zu oft vorkommen, daß die Inhaber der Vorzugsaktien drei Viertel oder mehr des Grundkapitals in Händen haben, wodurch die Minderheitsrechte so gut wie gegenstandslos werden, und die Leitung des Gesellschaftsschicksals ganz und gar in der Macht der Inhaber der Vorzugsaktien liegt. Rechtlich kann gegen die Ausgabe von Prioritätsaktien nicht vorgegangen werden, da die Vorschrift des § 252 HGB. die Schaffung solcher Aktien zuläßt. Allerdings wird hierdurch der Grundsatz der Gleichberechtigung im Aktienrecht stark untergraben.

1. Rechtliche Stellung der Minderheit in der konstituierenden Generalversammlung bei Sukzessivgründung.

Zur Verhütung leichtsinniger Aktiengesellschaftsgründungen, wie sie vor allem in den siebziger Jahren des vorigen Jahrhunderts besonders infolge der Lückenhaftigkeit der den Aktionärschutz bezweckenden Gesetzesbestimmungen vorgekommen sind, hat der Gesetzgeber darnach getrachtet, die Gründungsvorgänge möglichst klar zu stellen. Aus dem gleichen Grunde hat er ferner die Verantwortlichkeit der Urheber und Leiter der Gesellschaft gegenüber den Interessenten erhöht und die Gründung an sich dadurch erschwert, daß er für Beschlüsse über besonders wichtige Angelegenheiten die Zustimmung einer qualifizierten Mehrheit fordert und der Minderheit damit ein gewisses Mitbestimmungsrecht einräumt.

Um den Beteiligten und Interessenten die Möglichkeit eines persönlichen Einblicks in die Verhältnisse zu gewähren, muß bei der sog. Sukzessivgründung — also der Errichtungsart einer Aktien-Gesellschaft, bei der im Gegensatz zur Simultangründung von den Gründern nicht sämtliche Aktien übernommen werden — vor der Errichtung der Gesellschaft eine Versammlung aller im Aktionärverzeichnis aufgeführten Personen einberufen werden, die darüber zu beschließen hat, ob die Aktiengesellschaft überhaupt errichtet werden soll [1]. Diese Generalversammlung beruft der Registerrichter nach Anmeldung der Gesellschaft und nach Erledigung seiner

[1]) Hinsichtlich der bei der Berufung zu beobachtenden Fristen und Formen gilt für diese Versammlung dasselbe, wie für die nach Eintragung der Gesellschaft in das Handelsregister abzuhaltenden Generalversammlungen, vgl. § 197 HGB.

Prüfungspflicht [1]), hinsichtlich der für die Anmeldung vorgeschriebenen Gesetzeserfordernisse.

Teilnahme- und stimmberechtigt sind zunächst alle im Verzeichnis aufgeführten zukünftigen Aktionäre [2]). Daneben ist es Sacheinlegern, ferner solchen Personen, von denen die Aktien-Gesellschaft Gegenstände übernimmt, auch Vorstands- und Aufsichtsratsmitgliedern, falls sie zugleich Aktionäre sind, gestattet, an der Abstimmung teilzunehmen, ebenso Rechtsnachfolgern, die Gesamtrechtsnachfolger sind. Doch können nach § 225 Abs. 1 HGB. mehrere Miterben die Rechte aus einer Aktie nur durch einen gemeinschaftlichen Vertreter ausüben. Einzelrechtsnachfolger dagegen sind nicht zugelassen [3]).

Zur Gültigkeit des Beschlusses darüber, ob die Gesellschaft errichtet werden soll, ist zunächst einmal erforderlich, daß die Mehrheit der an der Abstimmung teilnehmenden Aktionäre sich für die Errichtung erklärt; im anderen Falle gilt sie bereits von Anfang an für abgelehnt. Des weiteren muß aber diese Mehrheit auch mindestens den vierten Teil aller im Aktionärverzeichnis genannten Aktionäre ausmachen, also auch der nicht erschienenen — wobei Erben eines verstorbenen Zeichners auch hier nur als e i n e Person gerechnet werden —; denn hinsichtlich der Zahl wird auf das Verzeichnis verwiesen, und dementsprechend muß auch die damalige Zeit maßgebend sein [4]). Der Rechtsgrund dieser Vorschrift, daß die Mehrheit nach der Kopfzahl den vierten Teil a l l e r Aktionäre ausmachen soll, liegt darin, daß man die im Falle der Errichtung ja an ihre Zeichnung gebundenen Kleinaktionäre vor einer Überstimmung schützen wollte. Schließlich ist noch erforderlich, daß die der Errichtung zustimmende Majorität sich zugleich auch als der v i e r t e T e i l d e s g e s a m t e n G r u n d k a p i t a l s darstellt [5]). Fehlt eine der genannten Voraussetzungen, so gilt die Errichtung als abgelehnt.

Ja die Erfüllung dieser Bedingungen genügt sogar dann noch nicht, wenn die Gründung eine qualifizierte ist, d. h. wenn neben Bareinlagen auch Sachwerte eingebracht worden sind. In diesem Falle kommt als weiteres Erfordernis

---

[1]) Im gleichen Sinne Staub-Pinner, Anm. 1 zu § 196; Makower, § 196 I e; Ritter, § 196, 1; a. A. Pinner, Aktienrecht, § 196, IV; Brand, Anm. 2 a zu § 196.

[2]) § 195 Abs. 2, Ziff. 3.

[3]) § 200 Abs. 2; vgl. Lithauer-Mosse, Anm. 8 zu § 196.

[4]) Vgl. Denkschrift, S. 127.

[5]) § 196 Abs. 4, HGB. Hierunter ist das Nenngrundkapital ohne Rücksicht auf die Einzahlung zu verstehen.

hinzu, daß die Minderheit, die sich gegen die Gründung erklärt, nicht die Mehrheit der Aktionäre enthalten darf, die sich nur mit Kapital an der Gesellschaft beteiligen. Die Errichtung muß also dann unterbleiben, wenn die sich gegen sie aussprechende Minderheit die Hälfte der Einlagen repräsentiert, die in Geld gemacht worden sind. Diese Bestimmung ist deshalb getroffen, weil die eingebrachten Gebäude, Grundstücke usw. ihrem Realwert nach oft ganz bedeutend überschätzt werden und gerade hier die Gefahr der Verübung von Schwindeleien besonders groß ist.

Werden in der konstituierenden Generalversammlung Statutenänderungen betreffend Firma und Sitz der Gesellschaft, Gegenstand des Unternehmens, Höhe des Grundkapitals und der einzelnen Aktien, sowie über Art der Bestellung und Zusammensetzung des Vorstandes [1]) beschlossen, so ist Einstimmigkeit aller erschienenen Grundkapitalanteil-Übernehmer erforderlich. Es wäre unbillig, wollte man jemand durch Mehrheitsbeschluß zwingen, einer Gesellschaft beizutreten, deren künftiges Statut von dem, welchem er sich verpflichtet hat, abweicht. Allerdings gelten die Nichterschienenen als zustimmend [2]). Mit Recht wird von der herrschenden Lehre angenommen, daß dieses zur Abänderung des Gesellschaftsvertrages führenden Beschlüsse außer der Zustimmung aller erschienenen Aktionäre sämtliche sonst etwa bei Statutenänderungen nötigen Erfordernisse aufweisen müssen [3]).

Außer bei den oben genannten Fällen bedarf es einstimmiger Beschlußfassung bei Abänderung von statuarischen Bestimmungen über Art der Aktien, ihre Ausgabe und die mit ihr verbundenen Rechte [4]). Das gleiche gilt dann, wenn auf nachträglichen Beschluß Inhaber- in Namens- oder umgekehrt Namens- in Inhaberaktien umgewandelt werden sollen. Eine Vorschrift, die sich ohne weiteres daraus rechtfertigt, daß einerseits einem Aktionär, der Inhaberaktien zu erwerben hoffte, nicht zugemutet werden kann, sich auf Grund eines Mehrheitsbeschlusses den Erschwerungen zu unterziehen, die eine Namensaktie mit sich bringt, andererseits auch der Gesellschaft nicht jede Kontrolle genommen

---

[1]) § 182 Abs. 2, Nr. 1 bis 4 HGB.

[2]) RGE. Bd. 55, S. 68; vgl. auch Lithauer-Mosse, Anm. 10 zu § 196 HGB.

[3]) Staub, Anm. 10 zu § 196; Makower, § 196, III b; Lithauer-Mosse, Anm. 11 zu § 196; Ritter, § 196 V; Pinner, Aktienrecht, § 196, VII3; Fischer, S. 217; a. A. Lehmann-Ring, Nr. 2 zu § 196; Goldmann, S. 852.

[4]) §§ 184, 183 Abs. 2 HGB.

werden darf, wenn die Ausgabe von Namensaktien an ihre Zustimmung gebunden war, jetzt aber auf Grund der Inhaberaktien jedermann Gesellschafter werden und den trotz der Form immer etwas individuellen Charakter der Aktiengesellschaft zerstören kann.

Auch wenn die im § 186 HGB. vorgesehenen Festsetzungen — Sondervorteile einzelner Aktionäre, Sacheinlagen, Sachübernahmen und Gründerlohn — zu Lasten der Gesellschaft erweitert, wenn weiter die Dauer der Gesellschaft über die im Gesellschaftsvertrage bestimmte Zeit verlängert und schließlich die im Gesellschaftsstatut für Beschlüsse der Generalversammlung vorgesehenen erschwerenden Erfordernisse beseitigt werden sollen, ist die Zustimmung aller erschienenen Aktionäre erforderlich.

Die Beschlußfassung ist zu vertagen, wenn es von den Aktionären mit einfacher Stimmenmehrheit verlangt wird [1]). Das Gericht kann auch selbständig vertagen. Gegen die von ihm verfügte Vertagung ist Beschwerde zulässig [2]). Durch die Möglichkeit der Vertagung will der Gesetzgeber erreichen, daß bis zur nächsten Generalversammlung unklare Punkte geklärt, streitige beigelegt werden und nicht etwa schon in der ersten Generalversammlung übereilt die Errichtung der Generalversammlung abgelehnt wird. Der Richter hat bei der Einberufung der neuen Generalversammlung dieselben Vorschriften zu beachten wie bei Berufung der ersten Versammlung und ferner darauf zu sehen, daß die neue Versammlung noch vor dem für die Bindung der Zeichner maßgebenden Endtermin stattfindet.

2. Minderheitsrechte bei Vergleichen oder Verzichtleistungen der Gesellschaft über ihr zustehende Gründungsansprüche.

Da die Aktien-Gesellschaft in der ersten Zeit nach der Gründung der Gesellschaft unter der Herrschaft der Gründer und der unter ihrem Einfluß gewählten Organe zu stehen pflegt, liegt die Gefahr sehr nahe, daß die Gründer ihre Macht dazu verwenden, sich möglichst bald — vielleicht sogar schon in der konstituierenden Generalversammlung — Entlastung erteilen zu lassen und auf diese Weise ein Vorgehen gegen sich auszuschließen. Hierdurch würden die in den §§ 202—204 HGB. getroffenen Bestimmungen über die Verantwortlichkeit der Gründer und Gründergenossen,

---

1) § 196, Abs. 6 HGB.

2) § 19, Abs. 1 FGG. Vgl. Horrwitz, Das Recht der Generalversammlung d. A.-G., S. 223; a. A. Brand, S. 511.

der Emissionshänder und der Mitglieder des Vorstandes und Aufsichtsrates leicht umgangen werden können. Um diese Gefahr zu beseitigen, hat der Gesetzgeber im § 205 HGB. die Vorschrift geschaffen, daß die Vornahme von Vergleichen und Verzichten erst nach Ablauf eines gewissen Zeitraumes — nach dem anzunehmen ist, daß der beherrschende Einfluß der Aktien-Gesellschaft durch die Gründer erloschen ist — angängig ist. Durch diese Maßnahme wird auch die Wahrscheinlichkeit vergrößert, geschickt ins Werk gesetzte, zunächst vielleicht nur schwer erkennbare Schwindeleien vor der Entlastung aufzudecken.

Die Frist, nach deren Ablauf Vergleiche oder Verzichtleistungen, welche die der Gesellschaft aus der Gründung zustehenden Ansprüche gegen die nach §§ 202 bis 204 verpflichteten Personen betreffen, zulässig sind, beträgt fünf Jahre seit der Eintragung der Gesellschaft in das Handelsregister. Der durch diese Vorschrift dem Publikum vor Ausbeutung aus unsoliden Gründungen vom Gesetzgeber zugemessene Schutz wird noch dadurch erhöht, daß Vergleiche und Verzichte nur dann abgeschlossen werden dürfen, wenn die Generalversammlung ihre Zustimmung gibt und zwar nicht nur mit einfacher Mehrheit, sondern auch ohne daß ein Widerspruch seitens einer Minderheit, deren Aktien zusammen den 5. Teil des Grundkapitals betragen, erfolgt ist. Die Minorität kann also verhindern, daß zwischen der Gesellschaft und den Gründern ein Übereinkommen getroffen wird, das ihrem Willen nicht entspricht. Sie ist sogar insofern doppelt geschützt, als sie ihre Ansprüche auch, falls sie sich von einem solchen Verfahren mehr verspricht, vermittels des im § 268 Abs. 1 HGB. gewährten und im 1. Abschnitt dieser Arbeit bereits behandelten Verfolgungsrechts geltend zu machen vermag. Der Schutz der Minderheit ist also hier positiv im § 268 HGB., negativ im § 205 HGB. geregelt. Die Verbindung zwischen beiden Rechten ist mithin sehr eng. Jedoch ist dadurch, daß die im § 268 HGB. bezeichnete Minorität in unserem heutigen Gesetz [1]) auf ein Zehntel festgesetzt ist, während sie nach § 205 HGB. ein Fünftel des Grundkapitals beträgt, eine gewisse ungerechtfertigte „Difformität" eingetreten, da durch Erhebung der Klage schon eine Minderheit von einem Zehntel des Grundkapitals Vergleiche verhindern kann [2]). Da die Grundlage für die Vorschrift des

[1]) Anders im früheren Recht, wo im Art. 233 ADHGB. zur Erhebung der Klage ebenfalls 20% verlangt wurden.

[2]) Vgl. Pinner, Deutsch. Akt.-R., S. 81; Staub-Pinner, Anm. 2 zu § 305.

§ 205 HGB. die Bestimmungen der §§ 202—204 HGB. bilden, ist auch auf letztere kurz einzugehen.

Von den drei Personengruppen, denen gegenüber Vergleiche und Verzichte nur unter Beobachtung der eben genannten gesetzlichen Vorschriften gültig sind, werden im § 202 HGB. zunächst die Gründer und Gründergenossen aufgeführt. Eine Haftung dieser Personen besteht, wie § 202 HGB. ausdrücklich gleich mit dem ersten Wort besagt, gegenüber „Der Gesellschaft“ [1]). Als Gegenstände der Haftung werden bezeichnet:

a) Richtigkeit und Vollständigkeit der Angaben rücksichtlich der Zeichnung und Einzahlung des Grundkapitals und der Festsetzung des § 186 HGB.,
b) bösliche Schädigung durch Sacheinlagen und Übernahmen,
c) Ausfälle durch Zahlungsunfähigkeit eines Aktionärs.

Die Haftung ist im ersten Falle am stärksten, in dem das Gesetz nur objektive Unrichtigkeit voraussetzt, woraus sich ergibt, daß es die gehörige Information der Interessenten durch die Gründer in den erwähnten Angaben als deren Pflicht erachtet, und infolgedessen den bösen Glauben ipso iure präsumiert. Im zweiten Falle nämlich tritt eine Verantwortlichkeit der Gründer erst ein, wenn ihnen eine bösliche Handlungsweise zur Last gelegt wird [2]). Beiden Fällen ist gemeinsam, daß die in Betracht kommenden Personen als Gesamtschuldner gemäß § 241 BGB. haften, wovon sich jedoch derjenige befreien kann, welcher beweist, er habe die Unrichtigkeit und Unvollständigkeit oder die beabsichtigte böswillige Schädigung weder gekannt, noch habe er sie bei Anwendung der Sorgfalt eines ordentlichen Geschäftsmannes kennen müssen [3]). Am schwächsten ist die Haftung der Gründer und Gründergenossen im letzten der drei oben genannten Fälle, da sie hier nur eine subsidiäre ist. Sie tritt nämlich nur dann ein, wenn nach Erschöpfung der Mittel des § 219 HGB. — also durch Durchführung des Kaduzierungsverfahrens — noch ein Schaden übrig bleibt. Eine Haftungsmilderung besteht auch insofern, als nicht alle Gründer wie oben für den Ausfall verantwortlich sind, sondern nur diejenigen, welche die Beteiligung des zahlungsunfähigen Aktionärs angenommen haben. Die Haftung ist weiter auf die positive

---

[1]) Über die Frage, inwieweit daneben eine anderweitige Haftung den Aktionären, Gläubigern und Dritten gegenüber gegeben ist, vgl. Staub-Pinner, Anm. 2 a zu § 202 HGB. und die dort zitierte Literatur.

[2]) Über den Begriff „Bösliche Handlungsweise“ vgl. S. 20 dieser Arbeit.

[3]) § 202, Abs. 2 HGB.

Kenntnis dieser Zahlungsunfähigkeit beschränkt. Grob fahrlässige Unkenntnis schadet also hier nicht [1]).

Die Haftung der Gründergenossen ist vom Gesetz [2]) in der Weise geregelt, daß neben den Gründern der Gesellschaft als Gesamtschuldner auf Schadenersatz erstens die Empfänger einer nicht unter dem zu bezeichnenden Gründungsaufwand aufgenommenen Vergütung haften, wenn sie zur Zeit des Empfanges wußten oder nach den Umständen annehmen mußten, daß die Verheimlichung beabsichtigt oder erfolgt war, sowie jeder Dritte, welcher zur Verheimlichung wissentlich mitgewirkt hat, zweitens jeder, welcher zu einer böslichen Schädigung der Gesellschaft durch Einlagen oder Übernahmen wissentlich mitwirkt.

Mit den Gründern und Gründergenossen sind der Gesellschaft die Emissionshäuser verhaftet. Sie will das Gesetz treffen, wenn im § 203 HGB. vorgeschrieben wird, daß derjenige, welcher vor oder in den ersten zwei Jahren nach Eintragung der Gesellschaft in das Handelsregister eine öffentliche Ankündigung der Aktien erläßt, um sie in den Verkehr einzuführen, im Falle der Unrichtigkeit oder Unvollständigkeit von Angaben, welche die Gründer in Ansehung der Zeichnung oder Einzahlung des Grundkapitals oder in Ansehung der auf Sacheinlagen und Übernahmen bezüglichen Festsetzungen zum Zwecke der Eintragung der Gesellschaft in das Handelsregister machen, sowie im Falle einer böslichen Schädigung der Gesellschaft durch Einlagen oder Übernahmen der Gesellschaft, für den Ersatz des ihr daraus erstehenden Schaden neben den genannten Personen haftet. Für den Eintritt der Haftung ist die Voraussetzung aufgestellt, daß das Emissionshaus die Unrichtigkeit oder Unvollständigkeit der Angaben oder die bösliche Schädigung kannte, oder bei Anwendung der Sorgfalt eines ordentlichen Geschäftsmannes kennen mußte.

Soweit von den vorstehend genannten, in erster Reihe verpflichteten Personen — den Gründern, Gründergenossen und Emissionshäusern — Ersatz nicht zu erlangen ist, d. h. also subsidiär, haften schließlich Mitglieder des Vorstandes und des Aufsichtsrates, die bei der ihnen auferlegten Prüfung des Gründungsherganges die Sorgfalt eines ordentlichen Geschäftsmannes außer acht lassen, der Gesellschaft als Gesamtschuldner für den ihr daraus entstehenden Schaden [3]).

Der Abschluß von Vergleichen und Verzichten mit den

---

[1]) Vgl. Behrend, § 110, Anm. 25; Staub-Pinner, Anm. 8 u. 13 zu § 202 HGB.

[2]) § 202, Abs. 4 HGB.

[3]) § 204 HBG.

genannten Personen ist nur unter den oben aufgeführten Voraussetzungen zulässig. Entgegen der Vorschrift des § 205 HGB. innerhalb der darin festgesetzten fünfjährigen Frist abgeschlossene Verzichte oder Vergleiche sind, als gegen ein gesetzliches Verbot verstoßend, selbst bei Einstimmigkeit der Aktionäre auf Grund des § 134 BGB. nichtig [1]). Sie konvaleszieren auch nicht und können nur bestätigt, d. h. neu vorgenommen werden [2]).

Vor Ablauf von 5 Jahren seit Eintragung geschlossene Vergleiche oder Verzichtleistungen der hier in Frage kommenden Art sind nur dann statthaft, wenn sich der Verpflichtete im Falle der Zahlungsunfähigkeit zur Anwendung oder Beseitigung des Konkursverfahrens mit seinen Gläubigern vergleicht [3]). Jedoch müssen auch in diesem Falle die anderen Voraussetzungen des § 205 HGB. — Zustimmung der Generalversammlung und Nichterhebung eines Widerspruchs von seiten einer den 5. Teil des Grundkapitals darstellenden Minderheit — erfüllt sein.

Aus diesem Grunde hat der Konkursrichter zu prüfen, ob die Voraussetzungen für die Zustimmung des Vertreters der Aktiengesellschaft zum Vergleich erfüllt sind. Andernfalls hat er ihn zurückzuweisen. Geschieht dies nicht, und stimmt der Vertreter für den Zwangsvergleich, so ist dieser gültig, sobald der Konkursrichter ihn bestätigt. Seine Wirkung ist dann die eines rechtskräftigen Urteils.

Liegt ein rechtskräftiges Urteil vor, das den Anspruch der Gesellschaft aus der Gründung abweist, oder die Gesellschaft zur Anerkennung des Nichtbestehens eines solchen Anspruchs verurteilt, so ist eine weitere Geltendmachung des Anspruchs der Gesellschaft — auch wenn die Voraussetzungen eines Verzichts nicht gegeben gewesen wären — gegenüber den Prozeßgegnern nicht möglich; denn die Rechtskraft der Urteile soll durch die Vorschrift des § 205 HGB. nicht berührt werden [4]).

Bei der Abstimmung in der Generalversammlung sind diejenigen Personen, mit denen der Vergleich oder denen gegenüber der Verzicht erklärt werden soll, von der Ausübung des

---

[1]) Vgl. auch KB. zum Akt.-Ges. v. 1884, 13.

[2]) § 141 BGB.

[3]) § 205 letzter Satz HGB. Gleichgültig ist, ob es sich um einen außergerichtlichen Vergleich handelt, durch den der Schuldner den drohenden oder schon eröffneten K. oder einen Zwangsvergleich abwenden will.

[4]) Vgl. Behrend, § 113, Anm. 21; Pinner, Aktienrecht, S. 80; Staub-Pinner, Anm. 5 zu § 205 HGB.; a. A. Lehmann-Ring, Nr. 3 zu § 205; Brand, Anm. 4 zu § 205.

Stimmrechts ausgeschlossen [1]). Handelt es sich um die Aufgabe von Ansprüchen gegenüber Gründern, Gründergenossen und Emissionshäusern, so sind die Vorstands- und Aufsichtsratsmitglieder an der Stimmabgabe nicht behindert [2]).

Die Geltendmachung des Rechtes erfolgt in der Praxis sehr selten. In der Literatur und Rechtsprechung findet es kaum Erwähnung. Die Gründe hierfür liegen zum Teil darin, daß die Ansprüche der Aktiengesellschaft gegenüber den verantwortlichen Personen in 5 Jahren seit Eintragung in das Handelsregister verjähren und Verzichte und Vergleiche über verjährte Forderungen aber wohl kaum vorkommen. Zum Teil sind die Gründe darin zu suchen, daß die Minderheit wegen der leichteren Ausübung des Verfolgungsrechtes eher von diesem Gebrauch macht und schließlich auch in dem Umstand, daß die Vorbedingungen für die Ausübung des Widerspruchrechtes wegen der strengen Haftung der verantwortlichen Personen in unserem Recht verhältnismäßig selten gegeben sind.

3. Minderheitsrechte bei Nachgründungen.

Da die oben besprochene Schutzvorschrift des § 196 Abs. 4 HGB. in der Weise leicht umgangen werden könnte, daß die Gesellschaft als reine Kapitalsgesellschaft ins Leben tritt, dann aber nach kurzer Zeit die Grundstücke, Fabriken usw. durch Kauf erwirbt, sind im § 207 HGB. für die Übernahmeverträge, die in den ersten beiden Jahren nach der Gründung geschlossen werden, erschwerende Bedingungen gesetzt worden. Unter solchen Übernahme- oder Nachgründungsverträgen im Sinne des § 207 HGB. sind Verträge der Gesellschaft zu verstehen, nach denen sie vorhandene oder herzustellende Anlagen, die dauernd zu ihrem Geschäftsbetriebe bestimmt sind oder unbewegliche Gegenstände für eine den 10. Teil des Grundkapitals übersteigende Vergütung erwerben soll [3]). Die für Vornahme der genannten Geschäfte bestehenden erschwerenden Vorschriften sind auch hier Maximalbestimmungen, einer Abänderung durch das Statut also nur fähig, wenn dieses die Gültigkeit des betreffenden Generalversammlungsbeschlusses von dem Beschlusse eines noch höheren als des gesetzlich vorgeschriebenen Grundkapitalsanteils- oder sonstigen Erschwerungen abhängig macht.

---

[1]) § 252 Abs. 3 HGB.

[2]) Lehmann-Ring, Br. 1; Pinner, 81; Staub-Pinner Anm. 2 zu § 205 HGB.; a. A. Goldmann Anm. 6; Ritter, Komm. Anm. 1.

[3]) Vgl. Brand, Anm. 2 zu § 207 HGB.; Cosack, S. 504; Staub-Pinner Anm. 1 zu § 207 HGB.

Nach dem Gesetz bedarf der Beschluß, durch welchen dem Vertrage die Zustimmung erteilt wird, der qualifizierten Mehrheit von 75% des bei der Beschlußfassung vertretenen Grundkapitals. Ist eine solche nicht vorhanden, so entsteht für keinen Teil eine Verbindlichkeit. Denn ohne Zustimmung der erforderlichen Mehrheit abgeschlossene Nachgründungsverträge sind nichtig [1]) genau wie Vergleiche oder Verzichte im Falle des § 205 HGB. Wie diese werden sie ebensowenig nach Ablauf der im § 207 HGB. vorgeschriebenen zwei Jahre gültig, sondern müssen erneut vorgenommen werden [2]). Daher darf auch der Grundbuchrichter, selbst wenn die Auflassung auf Grund des Vertrages bereits erfolgt ist, die Eintragung des neuen Erwerbers nicht eher vernehmen, als bis ihm die Zustimmung der Generalversammlung nachgewiesen ist [3]). Erfolgt die Eintragung gleichwohl ohne Zustimmung der Generalversammlung, so ist sie nichtig [4]). Allerdings tritt bei Weiterveräußerung der Schutz des guten Glaubens nach § 892 BGB. ein.

Das Erfordernis der Zustimmung der Dreiviertelmehrheit genügt nur dann, wenn der Nachgründungsvertrag im 2. Jahr nach der Entstehung der Aktiengesellschaft eingegangen wird. Handelt es sich dagegen um Übernahmeverträge, die im ersten Jahre nach der Eintragung der Gesellschaft geschlossen werden, so müssen hier die Aktionäre, welche drei Viertel des bei der Beschlußfassung vertretenen Grundkapitals darstellen, zugleich 25% des gesamten Grundkapitals bilden. Diese Bedingung wird insofern sehr schwer zu erfüllen sein, als die allgemeine Bestimmung des § 252 HGB. Gültigkeit hat, nach der diejenigen, von denen ein Gegenstand erworben werden soll, nicht mitstimmen dürfen. Ist daher der Abschluß von Verträgen mit stark beteiligten Aktionären beabsichtigt, so dürfte es der Opposition nicht allzu schwer werden, die Verhinderung der Zustimmung herbeizuführen.

Gemäß § 207 Abs. 2 HGB. hat der Aufsichtsrat vor der Beschlußfassung den Vertrag zu prüfen und über die Ergebnisse seiner Prüfung schriftlich Bericht zu erstatten. Unterbleibt der Bericht, so berührt das die Gültigkeit des Ver-

---

[1]) Im gleichen Sinne Pinner § 207, IV; Staub-Pinner, Anm. 6 zu § 207 HGB.; a. A. Ritter, Anm. 4 zu § 207.

[2]) § 141 HGB.

[3]) Vgl. OLG. 6, 473 (OLG. Stuttgart); Goldmann S. 896; Brand Anm. 3 zu § 207 HGB.

[4]) Pinner, Aktienrecht, S. 85; KG. bei Ring 1, 372; Staub-Pinner Anm. 5 zu § 207 HGB,; andrer A. Behrend, § 134, Anm. 7; Goldmann Anm. 10 zu § 207 HGB,; Lehmann-Ring, Ziff. 7 zu § 207.

trages an sich nicht [1]). Jedoch wird dadurch der nachfolgende Generalversammlungsbeschluß wegen Verletzung des Gesetzes nach § 271 HGB. anfechtbar [2]).

Auf zwei Fälle kommen die strengen Vorschriften über die Nachgründung nicht zur Anwendung, erstens auf den Erwerb von Grundstücken, wenn solcher Erwerb den Gegenstand des Unternehmens der Gesellschaft bildet [3]), d. h. also auf die Bau- und Terraingesellschaften. Der Grund hierfür ist, daß sonst deren Geschäftstätigkeit in den ersten Jahren vollständig lahmgelegt wäre. Da man diese Ausnahme zu Umgehungen auszunutzen versucht hat, indem man im Statut den Erwerb einer bestimmten Fabrik und „anderer Grundstücke" als Gegenstand des Unternehmens bezeichnete, hat die Rechtsprechung hiergegen mit Recht entschieden Stellung genommen und derartige Umgehungsverträge nicht gelten lassen. So hat das Bayerische Oberlandesgericht [4]) in einer Entscheidung ausgesprochen, daß die Gesellschaften, welche der Sachlage nach nicht als direkte Grunderwerbsgesellschaften anzusehen wären, von den Vorschriften des § 207 HGB. nicht befreit werden könnten.

Zweitens findet eine Ausnahme hinsichtlich der Anwendung des § 207 HGB. beim Erwerbe im Wege der Zwangsversteigerung statt. Hervorgerufen ist diese Ausnahme durch die Rücksicht auf die Hypothekenbanken [5]).

Wie einerseits diese beiden Ausnahmen von dem regelmäßig zur Anwendung kommenden Grundsätzen des § 207 HGB. gerechtfertigt erscheinen, so ist andererseits allgemein die zur Verhütung von Störungen des Wirtschaftsverlaufs geeignete Vorschrift als durchaus erwünscht anzusehen und auch vom Billigkeitsstandpunkte aus zu befürworten, weil sie der Minderheit die Möglichkeit schaffen, ungerechtfertigte Benachteiligungen durch die Gründer von sich fernzuhalten.

4. Minderheitsrechte bei Abberufung eines Aufsichtsratsmitgliedes.

Während die Wahl des Aufsichtsrates, die ausschließlich von der Generalversammlung vorgenommen werden darf, nach dem einfachen Majoritätsprinzip erfolgt, also für die hier zu

---

1) Vgl. Staub-Pinner, Anm. 7 zu § 207.

2) Brand, Anm. 3 a zu § 207 HGB.; Goldmann, S. 894; Lehmann-Ring Nr. 6 zu § 207 HGB.

3) Vgl. hierzu Sten. Bericht d. XII. Handeltages, S. 23; JW. 10 800; LZ. 10, 934; „Recht", 10. Z. 2899, 3086.

4) Vgl. Holdheims Monatsschrift, Bd. 5, S. 21.

5) Vgl. Bericht 1884, S. 14; Sten. Bericht 1884, S. 970.

behandelnde Frage der Minderheitsrechte ohne Interesse ist, hat die vorzeitige Lösung des Vertragsverhältnisses Bedeutung für die Minorität, denn die Absetzung eines Mitgliedes des Aufsichtsrates kann nur auf Grund eines Generalversammlungsbeschlusses erfolgen, der von einer 75% des bei der Beschlußfassung vertretenen Grundkapitals umfassenden Mehrheit gefaßt wird [1]. Die Stimmen der sich der Abstimmung enthaltenden Aktionäre werden bei der Berechnung des maßgebenden Grundkapitals nicht berücksichtigt [2].

Das Erfordernis der qualifizierten Mehrheit ist aus dem Grunde sehr wichtig, weil es häufig vorkommen wird, daß einerseits die Mehrheit solche Mitglieder des Aufsichtsrates, die für die Interessen der unabhängigen Aktionäre eintreten und deshalb der Verwaltung lästig werden, aus ihrem Amte durch die Herbeiführung eines Generalversammlungsbeschlusses zu entfernen versuchen wird; andererseits ist es eine fast immer zu beobachtende Begleiterscheinung, daß eine Aktionärgruppe, die einen erheblichen Teil des Aktienkapitals erlangt hat, von dem Bestreben geleitet wird, eine ihrem Aktienbesitz entsprechende Anzahl von Mitgliedern in den Aufsichtsrat zu bringen, da diese ja ihren Wünschen, oft zum Nachteil des allgemeinen Wohles der Gesellschaft, am ehesten Rechnung zu tragen bestrebt sein werden. Es ist daher von Bedeutung für das Interesse der Minderheit, und damit auch für das regelmäßig hiermit verknüpfte Wohl der Gesellschaft, daß die Minderheit durch die Notwendigkeit der vom Gesetz für den Generalversammlungsbeschluß erforderten Dreiviertelmehrheit sich dagegen wehren kann, daß gegen ihren Willen sich für die Minorität einsetzende Aufsichtsratsmitglieder entlassen werden, die ja sonst, da zur Berufung, wie erwähnt, nur einfache Mehrheit genügt, leicht durch andere der Mehrheit genehmere Personen ersetzt werden könnten. Oft wird es bei derartigen Gelegenheiten zwar harte Kämpfe kosten; doch wird es einer starken Minorität wohl häufig gelingen, ihrem Willen zum Siege zu verhelfen [3]. Da es im Gesetz heißt, daß nur dann Dreiviertelmehrheit für einen hier in Frage kommenden Beschluß notwendig ist, „sofern nicht der Gesellschaftsvertrag ein anderes bestimmt", so kann das Statut allerdings die Erschwerung fallen lassen und die absolute Mehrheit als ausreichend für

---

[1] § 243, Abs. 4 HGB.

[2] RGE. Bd. 20, S. 146.

[3] Vgl. hierzu den Bericht der Köln. Volksztg. v. 10. Mai 1922, Nr. 364 über die Buderus-Röchling-Rombach A.-G.

die Fassung des Beschlusses vorschreiben, wodurch dieses wichtige Recht der Minderheit beseitigt würde.

Sei es nun, daß das Statut leichtere oder, was ja ebensogut möglich ist, schwerere Bedingungen für die Herbeiführung eines solchen Beschlusses festsetzt, immer ist jedenfalls ein Generalversammlungsbeschluß erforderlich. Damit ist gesagt, daß eine Delegation des Widerrufsrechts auf andere Organe, etwa auf den Vorstand, oder Behörden der Gesellschaft, nicht erfolgen darf. Auch darf der Gesellschaftsvertrag das alleinige Widerrufsrecht der Generalversammlung in keiner Weise beseitigen oder beschränken [1]). Abweichende Statutenbestimmungen sind unzulässig. Ferner ist notwendig, daß alle Erfordernisse, die für einen gültigen Generalversammlungsbeschluß notwendig sind, vorliegen müssen, wozu u. a. Bekanntgabe in der Tagesordnung gehört.

Das Recht zur Abberufung kann die Generalversammlung jederzeit geltend machen. Sie braucht nicht etwa den Zeitpunkt abzuwarten, für den das Mitglied gewählt ist. Auch gegenüber den Mitgliedern des ersten Aufsichtsrates besteht das Widerspruchsrecht [2]). Die zu dem Beschluß führenden Gründe spielen keine Rolle. Eine Nachprüfung derselben findet nicht statt. Auch ist nicht notwendig, daß die einzelnen Aktionäre aus denselben Beweggründen ihre Zustimmung zur Abberufung geben. Diese Bestimmung ist zwingender Natur, so daß jede eine Abweichung gestattende Satzungsvorschrift nichtig ist.

Die Frage, ob der Aufsichtsrat an der betreffenden Abstimmung teilnehmen darf, ist auch hier [3]), wo der Aufsichtsrat selbst ein starkes Interesse an einem ihm günstigen Ausfall des Abstimmungsergebnisses hat, zu verneinen [4]). Es spricht noch ganz besonders der Grund mit, daß der Aufsichtsrat, der etwa durch seine Beteiligung an dem Unternehmen selbst die zur Verhütung eines ihm nicht genehmen Generalversammlungsbeschlusses erforderliche Anzahl Aktien in der Hand hat, stets, auch wenn für die Abberufung des betreffenden Aufsichtsratsmitgliedes die stärksten Gründe sprechen, diese verhindern könnte.

5. Minderheitsrecht bei Statutenänderungen.

Wie für die im vorgehenden Abschnitt besprochene Abberufung von Aufsichtsratsmitgliedern ist auch mangels

[1]) RGE. Bd. 65, S. 62.
[2]) RGE. Bd. 24, S. 56.
[3]) Vgl. S. 59 dieser Arbeit.
[4]) Vgl. Lithauer-Mosse, Anm. 10 zu § 243 HGB.; Staub-Pinner, Anm. 8 zu § 243 HGB. und 26 zu § 252 HGB.

einer anderen Bestimmung des Gesellschaftsvertrages für die Abänderung dieses Vertrages ein mit Zustimmung von drei Vierteln des bei der Beschlußfassung vertretenen Grundkapitals zustande gekommener Generalversammlungsbeschluß erforderlich [1]).

Bei der Wichtigkeit und Bedeutsamkeit, die das Statut, dessen Anordnungen zusammen mit den gesetzlichen Vorschriften das Fundament und den Rahmen darstellen, auf und innerhalb welchem sich die innere Verfassung der Gesellschaft aufbaut, sowie jede Abänderung desselben für den Aktionär hat, ist es durchaus gerechtfertigt, wenn der Wille des Gesetzes allgemein bei der Aufrollung und Entscheidung diesbezüglicher Fragen dahin geht, die Meinung jedes Aktionärs soweit als möglich zu berücksichtigen und nur, soweit das Statut abweichende Bestimmungen enthält, bei Statutenänderungen einen geringeren Prozentsatz der Aktionäre entscheiden zu lassen. Doch muß stets die zwingende Vorschrift des § 251 Abs. 1 HGB. beachtet werden, wonach für jeden Beschluß als Mindesterfordernis die einfache Stimmenmehrheit vorgesehen ist. Natürlich kann das Statut auch einen noch höheren Prozentsatz als das Gesetz verlangen.

Erforderlich ist auch hier stets ein Generalversammlungsbeschluß. Nur in einem Falle ist eine Übertragung auf ein anderes Organ, nämlich dann wenn es sich um Fassungsänderungen des Statuts handelt, auf den Aufsichtsrat zulässig [2]). Jedoch bedarf es auch zur Übertragung dieser Ermächtigung auf den Aufsichtsrat eines Generalversammlungsbeschlusses, und zwar in Ermangelung anderweitiger statutarischer Bestimmungen eines solchen, der mit Dreiviertelmehrheit zustande gekommen ist. Jede anderweite Delegation der Befugnis zu Satzungsänderungen ist unzulässig [3]).

Zur Ermittelung der für die erwähnten Beschlüsse erforderlichen Mehrheit werden lediglich die Aktien der Aktionäre gezählt, die an der Beschlußfassung teilnehmen oder teilzunehmen berechtigt sind. Es werden also die Aktien der nichterschienenen Aktionäre oder zwar erschienenen, aber sich bei der Beschlußfassung nicht beteiligenden Aktionäre oder endlich der Aktionäre, die nicht mitstimmen

---

[1]) § 275, Abs. 1.

[2]) Vgl. § 274, Abs. 1 HGB.

[3]) Vgl. KGJ., Bd. 15, S. 19; RGE. Bd. 44, S. 10; Bd. 74, S. 299; Litthauer-Mosse, Anm. 3 zu § 274 HGB.

dürfen, z. B. weil sie ihre Aktien nicht vorschriftsmäßig hinterlegt haben, nicht berücksichtigt [1]).

Soweit sich das Gesetz nicht dagegen ausspricht, können sämtliche Statutenänderungen, sofern sie frist- und formgerecht angekündigt worden sind, in der Generalversammlung jederzeit vorgenommen werden. Dasselbe gilt auch hinsichtlich Änderungen der Abstimmungserfordernisse ohne Unterschied, ob es sich um solche handelt, die das Statut oder um solche, die im Falle des Schweigens der Gesellschaftsverfassung das Gesetz vorschreibt. Die vom Gesetz abweichende Regelung braucht also nicht im ursprünglichen Gesellschaftsvertrage getroffen zu werden. Eine solche Änderung kann vielmehr auch noch durch spätere Satzungsänderung gültig vorgenommen werden.

Bestritten ist die Frage, ob eine Bestimmung des Gesellschaftsvertrages für unabänderlich erklärt werden könne. Die Frage ist nach herrschender Ansicht zu bejahen, hat aber lediglich die Bedeutung, daß die betreffende Bestimmung nur mit Zustimmung aller Aktionäre geändert werden kann [2]).

Zu betonen ist noch, daß die Erschwerungen des § 275 HGB. und die etwa durch die Satzung vorgesehenen Beschränkungen nicht für die Ablehnung der Anträge gelten [3]).

Während das Gesetz es im allgemeinen bei Satzungsänderungen dem Gesellschaftsvertrage überläßt, ob diesbezügliche Generalversammlungsbeschlüsse mit der gesetzlich verlangten, einer höheren oder geringeren Mehrheit zustande kommen sollen, stellt es für den Fall, daß es sich um einen Beschluß auf Abänderung des Gegenstandes des Unternehmens handelt, in dem immer eine Satzungsänderung liegt, ein besonderes Erfordernis auf. Hier ist es zur zwingenden Bedingung gemacht, daß eine Mehrheit von drei Vierteln des bei der Beschlußfassung vertretenen Grundkapitals vorhanden ist [4]). Wir haben es hier also mit einer Maximalvorschrift zu tun, die nur zugunsten der Minderheit abgeändert werden kann.

Der Gesetzgeber ist mit Rücksicht auf die besondere Wichtigkeit, die einem die Änderung des Gegenstandes

---

[1]) Vgl. RGE. 20, S. 146; Brand, Anm. 2 b, § 275 HGB.

[2]) Vgl. Lehmann-Ring, Nr. 2 zu § 275 HGB.; Pinner, Aktienrecht, S. 247; Staub-Pinner, Anm. 2 zu § 275 u. 10 zu § 274 HGB.; RGE. Bd. 76, S. 43. A. A. Horrwitz, Recht, d. GV. S. 399, 405, Anm. 35.

[3]) Vgl. Rehn, DJZ. 04, S. 955; LG. Bochum, bei Holdheim, 14, 12 f. u. OLG. Hamm, bei Holdheim 14, 304.

[4]) § 275 Abs. 2 HGB.

Unternehmens bezweckenden Beschluß zukommt, von der im 1. Absatz des § 275 HGB. getroffenen Regelung abgewichen; denn es ist für jeden seriösen Aktionär von allergrößter Bedeutung, wenn „sein" Unternehmen eine Umstellung erfahren oder einen neuen Fabrikationszweig aufnehmen soll.

Was als Änderung des Unternehmens anzusprechen ist, hat die Auslegung des Statuts zu ergeben. Allerdings wird es zuweilen vorkommen, daß diese Auslegung des Statuts sich sehr schwierig gestaltet [1]).

Schließlich ist im 3. Absatz des § 275 HGB. eine besondere Abstimmungsvorschrift für den Fall gegeben, daß das bisherige Verhältnis mehrerer Gattungen von Aktien mit verschiedenen Berechtigungen zum Nachteil einer Gattung geändert werden soll.

Hier ist neben dem Gesamtbeschluß der Generalversammlung ein in gesonderter Abstimmung — die im Rahmen der allgemeinen Generalversammlung stattfinden kann, — gefaßter Beschluß der betreffenden Aktionäre erforderlich. Auf diese Beschlußfassung findet die Vorschrift des Abs. 1 des § 275 HGB. Anwendung. Die Beschlußfassung der benachteiligten Aktionäre muß ausdrücklich unter den Zwecken der Generalversammlung angekündigt werden, widrigenfalls sie nicht stattfinden soll. Die Vorschrift des § 275 Abs. 3 HGB. ist ebenfalls zwingender Natur. Der Sonderbeschluß ist ein unbedingtes Erfordernis für das Zustandekommen der Änderung der Satzung und erübrigt sich auch dann nicht, wenn keiner der benachteiligten Aktionäre in der Generalversammlung erschienen ist oder sich an der Beschlußfassung beteiligt [2]).

Aus der Bestimmung des § 275 Abs. 3 HGB. ergibt sich, daß die einer Gattung gewährten Rechte durch Satzungsänderung geändert werden können, daß sie also keine unentziehbaren Sonderrechte sind, und sich die Minderheit daher die Umwandlung ihrer Rechte gefallen lassen muß.

Im Zusammenhang mit der Vorschrift des § 275 HGB. ist der § 310 HGB. zu nennen, der der Generalversammlung die Möglichkeit gibt, gewisse Mängel, die an sich Nichtigkeit der Aktiengesellschaft nach sich ziehen, durch Beschluß

---

[1]) Vgl. hierzu Lehmann-Ring Nr. 3 zu § 275 HGB.; Makower, S. 647; Horrwitz, Recht d. A.-G., S. 406; Sachs, in ZHR. 29, 41 ff.; Friedländer, JW. 1923, 213; Staub-Pinner, Anm. 3 zu § 275 HGB.; Brand, Anm. 3b zu § 275 HGB.; Bolze 6, 250; OLG. Stuttgart i. ZHR. 40, 474; Goldmann, S. 1138; Litthauer-Mosse, Anm. 4 zu § 275 HGB.

[2]) Vgl. Staub-Pinner, Anm. 5 zu § 275.

zu heilen, da für letzteren die für Statutenänderungen geltenden Vorschriften des § 275 HGB. Abs. 1 maßgebend sind. Es handelt sich hier um Mängel, welche die Bestimmung über Firma, Sitz der Gesellschaft, Gegenstand des Unternehmens, Bestellung und Zusammensetzung des Vorstandes, Form der Bekanntmachung der Gesellschaft oder die Berufung der Generalversammlung betreffen. Sofern also die Satzung nicht anderes bestimmt, sind auch hier der Minderheit gewisse negative Rechte eingeräumt.

Schließlich sei an dieser Stelle noch ein der Minderheit durch die GBV. gegebenes negatives Recht erwähnt.

Die GBV. hat von einem Zwange, bei der Reichsmarkeröffnungsbilanz ein neues gesetzliches Reservekonto zu bilden, abgesehen. Nur in ganz besonderen Fällen, nämlich in § 5 Abs. 1 GBV. (Überschuß des Reichsmarkkapitals gegenüber dem Eigenkapital), ferner in § 35 Abs. 1 Satz 3 und § 36 Abs. 2 Satz 2 (bei Spitzenbeträgen) ist die Schaffung eines Reservefonds (Umstellungsreserve) vorgesehen [1]). Die Umstellungsreserve an sich ist lediglich gesetzliche Reserve im Sinne des § 262 HGB., darf also nur zur Deckung von Bilanzverlusten verwendet werden, wovon jedoch drei Ausnahmen zugelassen sind. Die Reserve dient erstens auch zur Tilgung des Kapitalentwertungskontos [2]), zweitens kann sie sozialen Zwecken gewidmet sein. Soweit sie nicht sozialen Zwecken dient, darf sie schließlich drittens, außer zur Deckung eines aus der Bilanz sich ergebenden Verlustes, zur Deckung von Einlagen auf neue Aktien — jedoch nicht über ein Fünftel des Nennwertes der neuen Aktien hinaus — verwendet werden. Die Verwendung der Umstellungsreserve zu diesem Zweck ist jedoch nur insoweit zulässig, als die den zehnten Teil des Eigenkapitals übersteigt. Nur die Generalversammlung kann über die Verwendung der Umstellungsreserve und über die Höhe des Bezugspreises beschließen.

Voraussetzung für das Zustandekommen eines diesbezüglichen Generalversammlungsbeschlusses ist, d a ß e r v o n e i n e r M e h r h e i t g e f a ß t w o r d e n i s t , d i e m i n d e s t e n s d r e i V i e r t e i l e d e s b e i d e r B e s c h l u ß f a s s u n g v e r t r e t e n e n G r u n d k a p i t a l s u m f a ß t. Erleichterungen durch das Statut sind also ausgeschlossen. Wohl aber kann der Gesellschaftsvertrag noch andere Erfordernisse aufstellen. Das Bezugsrecht der Aktionäre darf nicht ausgeschlossen werden, und endlich

---

[1]) Vgl. Art. 1, V. Durchf. Verord. zur GBV. v. 28. März 1924, § 12, II, DV. zur GBV.

[2]) § 6 GBV.

ist erforderlich, daß der Beschluß spätestens bis zum 31. Dezember 1929 gefaßt und zur Eintragung ins Handelsregister angemeldet worden ist [1]).

Diese Vorschriften über die Umstellungsreserve beziehen sich nur auf die Reichsmarkeröffnungsbilanz, für die weiteren der Eröffnungsbilanz folgenden Bilanzen gelten wieder die gesetzlichen Regeln des § 262 HGB [2]).

6. Minderheitsrecht bei Herabsetzung des Grundkapitals.

Da die Herabsetzung des Grundkapitals eine Abänderung des Gesellschaftsvertrages enthält, hat der Gesetzgeber für sie eine besondere Formerschwerung vorgeschrieben; und zwar kann sie mit Rücksicht auf ihre hervorragende Wichtigkeit für die Aktionäre, wie auch besonders für die Gläubiger, deren Forderungen gewöhnlich durch eine Kapitalherabsetzung gefährdet werden, nur mit einer *Mehrheit, die mindestens drei Vierteile des bei der Beschlußfassung vertretenen Grundkapitals umfaßt*, beschlossen werden, auch wenn der Gesellschaftsvertrag für Beschlüsse, die eine Abänderung desselben bezwecken, nur einfache Mehrheit fordert [3]). Wir haben es also mit einer die qualifizierte Mehrheit *zwingend* fordernden Vorschrift zu tun. Sind mehrere Aktiengattungen mit verschiedener Berechtigung vorhanden, so bedarf es neben dem Beschluß der Generalversammlung eines in gesonderter Abstimmung mit den gleichen Mehrheitsverhältnissen gefaßten Beschlusses der Aktionäre jeder Gattung [4]). Gleichzeitig muß durch den Beschluß der Generalversammlung festgesetzt werden, zu welchem Zwecke die Herabsetzung des Grundkapitals stattfindet, und in welcher Weise die Maßregel auszuführen ist.

Die Gesellschaft kann sich zu einer Kapitalherabsetzung aus ganz verschiedenen Gründen entschließen. Zuweilen will man das Gesellschaftsvermögen vermindern. Es ist für die Aufgaben der Gesellschaft zu groß, man möchte es den Aktionären teilweise zurückzahlen, und, da ihnen aus dem zur Erhaltung des Grundkapitals erforderlichen Vermögen nichts gezahlt werden darf, setzt man das Grundkapital herab. In den bei weitem meisten Fällen will man etwas anderes: man will das Grundkapital mit dem zusammengeschmolzenen Gesellschaftsvermögen in Einklang bringen, das Gesellschafts-

[1]) Vgl. Art. IV, DV. z. GBV., § 12 Abs. 3 II, DV. z. GBV.
[2]) Vgl. Staub-Pinner, Anm. 26 c zu § 262 HGB.
[3]) § 288 Abs. 1 HGB.
[4]) § 288 Abs. 3 HGB.

vermögen ist stark unter das Grundkapital herabgesunken, bis zur Wiedererreichung des Grundkapitals ist keine Dividendenzahlung möglich; die Herabsetzung des Grundkapitals ist also nötig, damit in absehbarer Zeit wieder Dividenden gezahlt werden können. Nur ganz selten also wird bei der Kapitalherabsetzung zugleich ein entsprechender Betrag zurückgezahlt. In der Regel findet nur eine Herabsetzung des Sollvermögens, nicht auch eine entsprechende Verminderung des Istvermögens der Gesellschaft statt. Bei der Herabsetzung des Grundkapitals darf die Sicherheit der Gesellschaftsgläubiger nicht leiden. Jeder Gläubiger einer Aktien-Gesellschaft hat ein Recht darauf, daß das Grundkapital desselben unverändert bleibt, da in der Pflicht der Gesellschaft, ihr Vermögen nicht willkürlich unter das Grundkapital herabzumindern, seine Sicherheit liegt. Deshalb gestattet das Gesetz zwar eine Herabsetzung, aber nur in einer Weise, die eine Schädigung der Gläubiger ausschließt.

Aus diesem Gesichtspunkt des Gläubigerschutzes und dem weiteren des Schutzes der Minderheit heraus fordert das Gesetz zum Beschluß der Kapitalherabsetzung, deren rechtliche Bedeutung, wie oben ausgeführt, in einer Abänderung des Gesellschaftsvertrages besteht, indem nämlich die in ihm angegebene Grundkapitalssumme verändert wird [1]), als unbedingte Voraussetzung eine Dreiviertelsmehrheit zum Beschluß über die Kapitalherabsetzung.

7. Minderheitsrecht bei Auflösung der Gesellschaft.

Von dem im § 292 BGB. genannten drei Auflösungsgründen der Aktien-Gesellschaft — Ablauf der im Statut bestimmten Zeit, Eröffnung des Konkurses, und Beschluß der Generalversammlung — kommt für unsere Betrachtung nur der letzte — die Auflösung der Aktien-Gesellschaft durch Beschluß der Generalversammlung — in Betracht.

Durch die Auflösung der Aktien-Gesellschaft wird noch nicht sofort ihr juristisches Dasein beendigt. Sie hört nur auf ihren bisherigen Zweck noch weiter zu verfolgen, als dies unbedingt zur Abwicklung ihrer Geschäfte nötig ist. Ihr rechtliches Dasein ist jetzt nur noch auf die Flüssigmachung der ihr gehörenden Werte und Ausschüttung des etwa verbleibenden Überschusses gerichtet, woran sich alsdann die Löschung der Gesellschaft im Handelsregister anschließt; erst hiermit hört die Gesellschaft auf, nicht nur wirtschaftlich, sondern auch juristisch zu bestehen.

---

[1]) So die herschende Meinung und RGE. i. Str. Bd. 30, S. 355.

Daß der Gesetzgeber für das Zustandekommen des Auflösungsbeschlusses erschwerte Vorbedingungen aufgestellt hat, rechtfertigt sich ohne weiteres aus der enormen Tragweite dieser in das Leben der Aktien-Gesellschaft selbsteingreifenden Maßregel. Aus diesem Grunde bedarf ein Beschluß der Generalversammlung, welcher die Auflösung aussprechen soll, einer Mehrheit, die mindestens drei Vierteile des bei der Beschlußfassung vertretenen Grundkapitals umfaßt[1], sofern nicht der Gesellschaftsvertrag etwa noch andere, die Auflösung erschwerende Erfordernisse aufstellt. Erleichtern kann der Gesellschaftsvertrag die gesetzlichen Erfordernisse des Auflösungsbeschlusses nicht, denn das Gesetz verlangt „mindestens“ die qualifizierte Mehrheit von drei Vierteln. Beschließt die Generalversammlung die Auflösung der Gesellschaft, obwohl im Gesellschaftsvertrag eine längere Zeitdauer für die Gesellschaft festgesetzt ist, so müssen bei der Beschlußfassung auch die besonderen Vorschriften beobachtet werden, die der Gesellschaftsvertrag über eine Abänderung desselben enthält.

Es ist nicht unbedingt erforderlich, daß der in Frage kommende Beschluß die Auflösung der Aktien-Gesellschaft unmittelbar ausspricht. Den erschwerenden Vorschriften über die Gesellschaftsauflösung unterliegen vielmehr auch alle Beschlüsse, welche die Auflösung zur notwendigen Folge haben[2].

Zur Rechtswirksamkeit des Auflösungsbeschlusses ist Eintragung in das Handelsregister nur dann erforderlich, wenn er zugleich eine Statutenänderung enthält, z. B. wenn beschlossen wird, die Aktien-Gesellschaft vor der im Statut bestimmten Zeit aufzulösen. In allen anderen Fällen erlangt der Beschluß bereits unmittelbar Rechtskraft, nachdem er vorschriftsmäßig gefaßt worden ist.

8. Minderheitsrecht bei Vermögensveräußerung.

Der Beschluß, die Gesellschaft aufzulösen, kann auch in der Art gefaßt werden, daß die Generalversammlung die Verwertung des Gesellschaftsvermögens im ganzen beschließt[3]. Als vom Gesetz besonders hervorgehobene Fälle kommen in Betracht die vertragsmäßige Übernahme des Gesellschaftsvermögens durch das Reich, ein Land oder einen

---

[1] § 292 Abs. 1 Nr. HGB.

[2] Im gleichen Sinne Brand, Anm. 2 b zu § 292 HGB.; Lehmann-Ring, Nr. 3 zu § 292 HGB.; LG. Bochum bei Holdheim, 03, 12; RGE. Bd. 7, S. 69.

[3] § 303 HGB.

inländischen Kommunalverband [1]) und die sogenannte Fusion, d. h. die Übertragung des Gesellschaftsvermögens an eine andere Aktien-Gesellschaft oder an eine Kommandit-Gesellschaft auf Aktien gegen Gewährung von Aktien der übernehmenden Gesellschaft [2]).

Unter der Vermögensveräußerung hat man die Übertragung des vollständigen betriebsfähigen Vermögens zu verstehen, nicht nur die der gesamten Vermögensstücke, sondern auch der immateriellen Werte, der Kundschaft, der Bezugsquellen, der Fabrikationsgeheimnisse, des eingearbeiteten und geschulten Arbeiterstammes, kurz alles dessen, was ein Unternehmen aus einer Summe von Einzelgegenständen zu einem lebendigen, betriebsfähigen Organismus macht [3]). Eine Veräußerung ist auch noch dann als vorliegend anzusehen, wenn einzelne Gegenstände oder Schulden davon ausgeschlossen werden; jedoch darf nichts zurückbehalten werden, was bestimmt und geeignet wäre, die geschäftliche Tätigkeit der Gesellschaft noch fortzusetzen [4]).

Wie bei den bisher behandelten Vorschriften des Aktienrechts hat der Gesetzgeber auch bei der Vermögensveräußerung mit Recht angenommen, daß der Minderheit ein größerer Einfluß einzuräumen sei.

Der der Veräußerung zugrunde liegende Vertrag, welcher zwischen der Gesellschaft und dem Erwerber abgeschlossen wird und gemäß § 311 HGB. an die Form gerichtlicher oder notarieller Beurkundung gebunden ist, kann daher überhaupt nur zustande kommen, wenn eine Generalversammlung mit einer Mehrheit, die wenigstens drei Viertel des bei der Beschlußfassung vertretenen Grundkapitals umfaßt, in den Abschluß eines solchen Vertrages eingewilligt haben.

Auch hier ist zur Rechtswirksamkeit des Beschlusses Eintragung in das Handelsregister nur dann notwendig, wenn er gleichzeitig eine Satzungsänderung enthält.

Die regelmäßige Folge der Veräußerung des Gesellschaftsvermögens im ganzen ist ebenso wie bei der Auflösung die Liquidation. Ist sie erfolgt, so bleibt die Aktien-Gesellschaft dennoch bis zur endgültigen Auseinandersetzung bestehen. Der Übernehmer gilt nicht als Gesamtrechtsnachfolger, es ist also erforderlich, ihm das Eigentum an den einzelnen Gegenständen zu verschaffen.

---

[1]) § 304 HGB.
[2]) §§ 304, 305 HGB.
[3]) Vgl. Kohler, a. a. O., S. 312.
[4]) Vgl. RGE., Bd. 69, S. 204; Ullmann, S. 9; Staub-Pinner, Anm. 2 zu § 303 HGB.

Von der Regel, daß keine Gesamtrechtsnachfolge stattfindet, bestehen jedoch mehrere Ausnahmen. Es sind zwei Fälle, die hier in Betracht kommen. Erstens, das Gesellschaftsvermögen wird als Ganzes von dem Reiche, einem Lande oder einem inländischen Kommunalverband übernommen und zugleich vereinbart, daß die Liquidation unterbleiben soll [1]), zweitens im Falle einer Fusion wird vereinbart, daß eine Liquidation des Vermögens der aufgelösten Gesellschaft nicht stattfinden soll [2]).

In beiden Fällen bedarf es neben dem mit Dreiviertelmehrheit zustande gekommenen Verstaatlichungs- bzw. Fusionsbeschluss zu einer solchen Vereinbarung der Zustimmung der Generalversammlung, deren Beschlußfassung auch hierbei den Bestimmungen des § 303 Abs. 1 HGB. unterworfen ist, also ebenfalls eine qualifizierte Mehrheit erfordert. Daß der Beschluß auf Verzicht der Liquidation zugleich mit dem Hauptbeschluß gefaßt wird, wird regelmäßig der Fall sein, ist aber nicht erforderlich.

Sowohl im Falle des § 304 HGB. wie des § 306 HGB. erlischt die Aktien-Gesellschaft, sofern die Liquidation unterbleiben soll, erst dann, wenn der Beschluß eingetragen ist.

III. Die Wertminderung der Minderheitsrechte.

Zu den auf dem Juristentag 1926 in Köln hinsichtlich der Notwendigkeit einer Reform des deutschen Aktienrechts viel erörterten Fragen gehörte vor allem diejenige, welche das Stimmrecht der Depotaktie und den hiermit verbundenen Einfluß der Banken auf die Aktien-Gesellschaften zum Nachteil der aktienrechtlichen Minderheiten betrifft, sowie die der Bedeutung und eventuellen Beseitigung der Schutzaktien. Die Einrichtung der Schutzaktien erscheint im Hinblick auf ihre nachteiligen Folgen für die Rechte der Minoritäten von größerer Bedeutung als die erste Frage.

1. Die Schutzaktien.

Die Vorzugsaktie [3]) an sich ist eine ältere Einrichtung und kommt bereits in der ersten Hälfte des 17. Jahrhunderts in Holland vor. Zu einem dauernden Institut ist sie aber erst in der Mitte des vorigen Jahrhunderts bei der Errichtung

---

[1]) § 204 Abs. 1 HGB.

[2]) § 306 Abs. 1 HGB.

[3]) Unter Vorzugsaktien versteht man Aktien einer späteren Ausgabe, die mit Vorzugsrechten versehen werden. Im Gegensatz hierzu

von Eisenbahngesellschaften geworden. Im übrigen bildete sie bis zum Ausbruch des Weltkrieges eine verhältnismäßig seltene Erscheinung. Sie wurde in der Hauptsache zu Sanierungszwecken geschaffen, sollte also dazu dienen, denjenigen Personen, die in kritischer Zeit die Gesellschaft finanziell unterstützten, einen gewissen dauernden Einfluß auf die Gesellschaft zu sichern. Früher kam daher den Mehrstimmrechtsaktien eine allgemeine grundlegende Bedeutung im Wirtschaftsleben nicht zu. Diese erlangten sie erst, als nach dem Kriege mit dem Fortschreiten der Inflation die Gefahr bestand, daß bei der völligen Entwertung unseres Geldes das Ausland Aktien aufkaufte und zum Schaden der deutschen Wirtschaft einen dauernden Einfluß auf die lebenswichtigen Industrien erhielt.

Da die Vorschriften des Art. 276 des Versailler Vertrages es unmöglich machten, den Gesellschaften den nötigen Schutz auf dem Wege des Gesetzes angedeihen zu lassen, waren sie auf Selbsthilfe angewiesen. Mit ganz wenigen Ausnahmen hat wohl damals niemand die Schaffung von Mehrheits- und Schutzaktien als „Abwehrmittel gegen die Überfremdungsgefahr" bekämpft. Diese Aktien würden an solche Kreise begeben, die der Gesellschaft nahestanden, und von denen man annahm, daß sie die ihnen so gegebene Macht nur im Interesse des Unternehmens gebrauchen würden.

Rechtlich ist die Ausgabe von Vorzugsaktien nicht angreifbar. Kraft Gesetzes ist die Gesellschaft befugt, Vorzugsaktien mit mehrfachem Stimmrecht zu schaffen und sie an solche Personen auszugeben, die ihr genehm sind [2]). Auch vom Gerechtigkeitsstandpunkte wird man die aus den Bedürfnissen der Zeit heraus geborene Maßregel nicht ohne weiteres verwerfen, so lange die Überfremdungsgefahr besteht oder sich die Schaffung von Vorzugsaktien aus anderen dringenden Gründen für das Unternehmen als notwendig erweist [3]), auch wenn als notwendige Begleiterscheinung damit eine Gefährdung der Interessen der Besitzer der einfachen Aktien verbunden ist. Bei den großen sich aus dem Eindringen ausländischen Kapitals in lebenswichtige Zweige der inländischen Wirtschaft ergebenden Gefahren müssen zweifellos die an sich berechtigten Interessen der Stamm-

bezeichnet man die ursprünglichen Aktien als „Stammaktien", weil sie schon früher, zum Teil bereits bei der Gründung der Gesellschaft ausgegeben worden sind und sozusagen den Stamm des Kapitals bilden; vgl. Reischer, Vorzugsaktien und Genußscheine, S. 13 ff

[1]) Vgl. Reischer, Vorzugsaktien und Genußscheine, S. 13.

[2]) Vgl. §§ 252, 283 HGB. und Jung, S. 23 ff.; Planitz, S. 35.

aktionäre zum Wohle der Gesamtheit zurücktreten. Man wird aber dann gegen die Ausgabe von Vorzugsaktien Front machen müssen, wenn mit diesem Machtmittel Mißbrauch getrieben wird; wenn der Zweck, eine Überfremdung abzuwehren, nur vorgetäuscht, in Wirklichkeit diese Maßnahme aber nur getroffen wird, um einer bestimmten Klasse von Aktionären Macht zu verschaffen und den Einfluß der anderen vollkommen zu beseitigen, wie das besonders in der Zeit der Inflation vielfach der Fall war. Hinzu kam, daß in dreser Zeit die Vorzugsaktien sehr häufig mit 25% eingezahlt wurden, oft genug noch obendrein mit entwertetem Gelde. Dafür erhielten aber die Erwerber dieser Aktien mehrfaches Stimmrecht. Auf diese Weise konsumierte man mit teilweise geradezu winzigen Beträgen — manchmal wenigen Goldmark für die ganze Kategorie vielstimmiger Vorzugsaktien — große Summen, nicht selten Millionen an Stammaktien. Das bedeutete eine Beseitigung des sonst im deutschen Aktienrecht herrschenden Grundgedankens, diejenigen den ausschlaggebenden Einfluß auf die Gesellschaft ausüben zu lassen, die das Risiko tragen. Auch der Minderheitsschutz verlor durch derartige Mißbräuche vollkommen seine praktische Bedeutung. Theoretisch behielten zwar die Stammaktionäre ihre Rechte, aber die praktische Ausübung ist ihnen derartig erschwert, daß ihnen die Geltendmachung der meisten unmöglich geworden ist. Von welcher Bedeutung die Ausgabe von Vorzugsaktien mit mehrfachem Stimmrecht ist, erkennt man am besten an folgendem Fall: Die Verwaltung einer Aktiengesellschaft beabsichtigt die Erhöhung des Grundkapitals um 500 000 Mk. durch Ausgabe von Vorzugsaktien. Diese sollen achtfaches Stimmrecht erhalten, das Bezugsrecht der Aktionäre soll ausgeschaltet und Aufsichtsrat und Vorstand ermächtigt werden, die neuen Aktien an eine Gruppe bestimmter Aktionäre zu begeben. Nach dem Vorschlage der Verwaltung sind vorläufig nur 25% der neuen Voruzgsaktien einzuzahlen. Da nichts besonderes über den Kurs der Vorzugsaktien gesagt ist, werden sie zum Parikurs ausgegeben. Hiernach würde die berufene Aktionärgruppe durch einmalige Zahlung von 125 000 Mk. die Geschicke der Gesellschaft, deren Kapital nach dem derzeitigen Kurse etwa 20 Millionen Mk. beträgt, in ihre Hände bekommen. Denn mit den 8 × 500 000 Mk. = 4 000 000 Mk. Vorzugsaktien kann die bevorzugte Gruppe gegenüber den restlichen Stammaktien jeden beliebigen Beschluß durchsetzen, immer wird sie die Mehrheit bilden, d. h. mit anderen Worten, eine verschwindende Minorität würde in die Lage kommen, die Aktiengesellschaft nach ihrem Willen zu leiten. Denn da die Besitzer der Vorzugsaktien fast immer noch einen mehr oder minder großen Teil der Stammaktien in ihrer Hand haben, wird selbst eine starke Minderheit nicht mehr die dazu notwendige Stimmenmehrheit repräsentieren.

Daß Mißbräuche des Machtmittels der Begebung von Vorzugsaktien bei Aktiengesellschaften tatsächlich vorgekommen sind, und sich besonders in der Inflationszeit große Mißstände in dieser Richtung herausgebildet haben, ja daß die Schutz- und Mehrstimmrechtsaktien vielfach zu Unrecht noch heute fortbestehen, wird auch von den Gegnern einer Beseitigung derselben nicht bestritten.

Jedoch lehnen diese es ab, die bestehenden Übelstände durch gesetzliche Maßnahmen zu bekämpfen. Vielmehr gehen sie davon aus, daß die Wirtschaft in der Lage ist, sich selbst zu helfen, und daß mit dem Eintreten gesunder Verhältnisse die Auswüchse ohne weiteres verschwinden werden. Einflußreiche Wirtschaftskreise haben sich auch dafür eingesetzt, daß dem Unwesen der Mehrstimmrechtsaktien gesteuert wird, und Börsenzulassungsstellen sind dazu übergegangen, bei der neuen Zulassung der Aktien die Frage zu untersuchen, ob derartig vorhandene Aktien wirtschaftlich gerechtfertigt sind. Auch wird nicht verkannt, daß eine größere Anzahl Unternehmen dazu übergegangen ist, die Mehrstimmrechtsaktien zu beseitigen.

Diese freiwilligen Maßnahmen werden jedoch kaum genügen, um die entstandenen Mißstände zu beseitigen. Es wird daher von vielen Seiten eine gesetzliche Regelung verlangt, weil nur durch eine solche die Aktienminderheiten hinreichend geschützt werden könnten. Die Ansichten, auf welche Art und Weise hier gesetzlich Abhilfe geschaffen werden könnte, sind sehr geteilt.

Die einen wollen, daß die gesetzliche Regelung in einem vollen Verbot der Mehrstimmrechtsaktien erfolgen soll. Eine solche vollkommene Verwerfung der Mehrstimmrechtsaktien erscheint jedoch nicht angebracht. Kann zwar von einer Überfremdungsgefahr nicht mehr gesprochen werden, so können doch Fälle eintreten, in denen sich die Schaffung von Mehrstimmrechtsaktien als notwendig erweist, in denen es z. B. im Interesse des Unternehmens liegt, es dagegen zu schützen, daß größere Aktienpakete sich durch Angebote einfangen lassen, die den Verkäufern derselben nützlich sind, aber den Bestand des Unternehmens gefährden [1]).

---

[1]) Vgl. Solmssen, i. Bankarchiv, XXVI Jhrg. S. 40.

Nach anderer Ansicht [1]) sollen Aktien mit mehrfachem Stimmrecht sowie Aktien, deren Inhaber durch ausdrückliche oder stillschweigende Vereinbarung mit der Gesellschaft zugunsten dieser in der Ausübung des Stimmrechts gebunden sind, für nichtig erklärt werden, wenn sie geschaffen sind, „um unter bewußter Hintansetzung des Wohles der Gesellschaft eigennützige Zwecke zu verfolgen, oder wenn sie bei Beschlüssen benützt werden, um derartige Zwecke durchzusetzen."

In der Erkenntnis, daß die Feststellung einer solchen Nichtigkeit stets zu jahrelangen dauernden Prozessen führen würde, schlug Pinner vor, Spruchstellen bei jedem Oberlandesgericht zu bilden und gegen deren Entscheidung nur eine Rechtsbeschwerde bei einer beim Reichsgericht einzurichtenden Stelle zuzulassen. Gegen eine solche Regelung sprechen jedoch vielerlei Gründe: Zunächst würde dem Staate eine Aufgabe zugemutet, die er nicht zu leisten vermag; auch ist eine jede Behörde, die neu geschaffen wird, bei unserem ohnedies angeschwollenen Behörden- und Beamtenapparat eine schwer zu tragende Belastung. Des weiteren dürfte gegen die Einrichtung solcher Spruchstellen sprechen, daß ein behördlicher Zwang stets hemmend auf wirtschaftliche Entwicklungen einwirken muß. Mit Recht weist Dr. Solmssen [2]) darauf hin, daß die Aufgabe, hier Entscheidungen zu treffen, nicht im Wege des Richterspruches und der Berufung gegen diesen gelöst werden kann. Es handelt sich bei der Frage, ob und in welchem Umfange die Verhältnisse die Beibehaltung oder Beschränkung des mehrfachen Stimmrechts erforderlich machen, nicht um richterliche Entscheidungen, die doch nur auf Grund feststehender Rechtssätze gefällt werden können, und deren Richtigkeit im Berufswege nachweisbar ist, sondern um die Erkenntnis wirtschaftlicher Tatsachen, deren mit einiger Sicherheit zutreffende Behandlung nur aus der Erkenntnis der Bedürfnisse des praktischen Wirtschaftslebens herauszugewinnen sind.

Schließlich sei der Vorschlag Professor Dr. Heymanns genannt, der als Abwehrmaßregel vorschlägt, irgendeine Quote festzusetzen, bis zu welcher die Mehrstimmrechtsaktien am Gesamtstimmrecht aller Aktien beteiligt sein können. Er geht davon aus, daß in der Regel 30% der Aktien

---

[1]) Vgl. den Bericht des Herrn Justizrat Pinner auf dem Kölner Juristentag, wiedergegeben in Deutsch. Allg. Ztg. vom 15. 9. 1926 Nr. 430.

[2]) Vgl. II. Beilage der Berliner Börsenzeitung, Nr. 426 vom 13. Sept. 1926.

vertreten seien und schlägt vor, die Höchstbeteiligungsziffer der Mehrstimmaktien auf 15% festzusetzen. Eine derartige Annahme dürfte jedoch willkürlich sein, da nirgendwo niedergelegt ist, daß gerade mindestens 30% des Aktienkapitals als Regel anwesend zu sein haben, vielmehr das Bild in jeder Versammlung wechselt, und sich daher eine starre Relation angesichts der Vielgestaltigkeit des Wirtschaftslebens nicht festlegen läßt. Eine gesetzgeberische diesbezügliche Festlegung ist gerade aus dem Grunde nicht durchzuführen, weil die Formen der Kapitalbeteiligung an Aktiengesellschaften durch die gewaltigen Umwälzungen, die sich innerhalb der deutschen Wirtschaft zurzeit vollziehen, starkem Wechsel unterliegen [1]).

Allerdings wird es schwer sein, für die Lösung der Frage, wie die durch die Vorzugsaktien entstandenen bzw. noch entstehenden Mißstände beseitigt oder verhindert werden können, eine richtige Formel zu finden.

Solmssen [2]) glaubt, ohne jegliche besondere Maßnahme auszukommen. Er sieht das Heilmittel „in der kritischen Arbeit der Rechtswissenschaft". Diese habe den Begriff des Moralischen und sittlich Erlaubten zu prüfen, ihn an Hand der vorkommenden praktischen Fälle in Wort und Schrift zu erläutern und zu vertiefen und dem Richter die Handhabe zu geben, gestützt auf die Ansicht maßgebender Kommentatoren und Praktiker dem Inhalt des § 826 BGB. auch im Aktienrecht Leben zu verleihen und die vorsätzliche Schadenszufügung, welche gegen die guten Sitten verstößt, also Begriff der illoyalen Handlung erfüllt, in viel stärkerem Maße, als solches bisher der Fall gewesen ist, für die Praxis mundgerecht zu machen. Sicher wäre es zu begrüßen, wenn diesem Vorschlag gefolgt würde, doch wird erst die Zukunft erweisen, ob er genügt, die in Frage kommenden Überstände zu beseitigen, oder ob nicht doch die Schaffung einer besonderen Gesetzesnorm — etwa in der Form einer Generalklausel — notwendig ist, die Sicherheit dagegen schafft, daß das Mehrstimmrecht nicht im eigennützigen Interesse der Inhaber verwendet werde.

2. Der Einfluß der Banken.

Mit der im vorhergehenden behandelten Frage der Stimmrechts- und Schutzaktien hängt im wesentlichen die Frage des Verbotes der generellen Übertragung des Stimmrechtes zusammen.

---

[1]) Vgl. Solmssen im Bankarchiv vom 1. Okt. 1926 Nr. 1 S. 43.
[2]) a. a. O. S. 43.

Mit dieser hat es folgende Bewandtnis. In den allgemeinen Geschäftsbedingungen fast jeder Bank findet sich der Satz, daß die Bank berechtigt ist, das Stimmrecht der in ihren Kundendepots befindlichen Aktien wahrzunehmen, sofern der Kunde ihr eine anderweitige Anweisung nicht erteilt. Die Frage, ob eine derartige Bestimmung zugunsten der Bank dem Gesetz widerspricht, war früher bestritten, dagegen wird heute das Recht zu einer solchen generellen Vereinbarung allgemein anerkannt. Ohne weiteres haben die Banken ein Stimmrecht für die bei ihnen ruhenden oder verpfändeten Aktien ihrer Kunden zweifellos nicht [1]); doch kann ihnen das Stimmrecht durch besondere Ermächtigung oder auch durch allgemeine Erklärung, z. B. Unterschrift von Bedingungen, gewährt werden. Auch seitens der Privatkunden ist die Erteilung dieser allgemeinen Ermächtigung, da in ihr keine Verfügung im Sinne des § 2 Bankdepotgesetzes zu erblicken ist [2]), zulässig, insbesondere durch Anerkennung allgemeiner Geschäftsbedingungen der Banken, durch welche diese zur Vertretung ermächtigt werden [3]).

Oft wird die Bank durch diese Maßregel zum ausschlaggebenden Faktor in der Generalversammlung der betreffenden Gesellschaft. Da sie sich im allgemeinen mit der Mehrheitsgruppe über die von dieser einzuschlagenden Politik verständigen wird, stehen ihre Stimmen fast immer der Mehrheit zur Verfügung und geben ihr eine solche Macht, daß die Geltendmachung der positiven Rechte sowohl wie auch die Unterbindung der qualifizierten Generalversammlungsbeschlüsse sehr erschwert wird. Oft wird das so erzielte Bild mit dem wahren Willen der Aktionäre nicht übereinstimmen, denn die Möglichkeit liegt sehr nahe, daß die Besitzer der hinterlegten Aktien in anderer Richtung als die Bank gestimmt hätten.

Man macht nun den Banken den Vorwurf, daß sie die ihnen durch die Vereinbarung der Ermächtigung, das Stimmrecht auszuüben, in die Hand gegebene Macht dazu benützen, um ohne eigene Kapitalsaufwendungen ihren bereits bei den Gesellschaften bestehenden Einfluß zu vergrößern, und die Unternehmungen zur Vornahme ven Geschäftsaktionen — Neuemissionen, Fusionen — zu veranlassen, die oft ganz und gar nicht im Interesse der betreffenden Gesellschaft liegen. Es wird daher von vielen Seiten gefordert, daß derartige

---

[1]) Vgl. OLG. Hamburg im Bankarchiv, Jhrg. 21 S. 382.

[2]) In diesem Sinne Staub-Pinner, Anm. 8 zu § 252 HGB.; Sontag, S. 42; Simon, S. 279 ff.; a. A. Horrwitz, S. 133; Rehfeldt, S. 44.

[3]) Vgl. Staub-Pinner a. a. O. und vor allem Hartmann im Bankarchiv, Jhrg. 24 S. 486.

Vereinbarungen über die Ausübung des Stimmrechts verboten werden. Wie uns diesbezügliche Vorkommnisse bei der Wenderoth A.-G., Kassel [1]), und bei der Brauerei Eichbaum, Mannheim [2]), beweisen, bestehen solche Gefahren tatsächlich. Man darf aber diese Fälle nicht allzusehr verallgemeinern. Im allgemeinen wird doch vielmehr das Bestreben der Bank nur dahin gerichtet sein, sich einen gewissen Einfluß auf das in Frage kommende Unternehmen zu verschaffen, den sie etwa als Emittentin der ausgegebenen Aktien und Obligationen zur Wahrung ihres eigenen Emissionskredits zwecks Kontrolle der Geschäftsführung des Unternehmens und der Möglichkeit der Einsichtnahme in die Maßnahmen seiner Verwaltung haben will, und den sie bedarf, um die Verantwortung tragen zu können, die sie durch Unterbringung der betreffenden Werte im Publikum und Unterzeichnung der sie an den Börsen einführenden Prospekte übernommen hat [3]). Ferner muß der Bank an dem Aufblühen und Weitergedeihen der Gesellschaften, mit denen sie in engerer Geschäftsbeziehung steht, ebensoviel gelegen sein, wie den betreffenden Gesellschaften selbst. Denn wenn sie diese zu Maßnahmen treiben wollte, die für sie schadenbringend wären, so würde sie sich jedenfalls selbst damit schädigen und, sofern es laut würde, daß sie die treibende Kraft bei der Vornahme nachteilig auf die Gesellschaft wirkender Unternehmungen gewesen ist, ihren Einfluß untergraben.

Liegt aber tatsächlich im einzelnen Falle die Vermutung nahe, daß die Ausübung des Stimmrechts durch die Bank nicht in einer den Interessen der Gesellschaft entsprechenden Art und Weise vorgenommen wird, dann hat hier ja der Aktionär, der seine Aktien deponiert hat, das Mittel in der Hand, seine Vollmacht zur Ausübung des Stimmrechts zurückzuziehen. Mit der Unterschrift unter die Geschäftsbedingungen hat er sein Stimmrecht nicht aufgegeben, es ist vielmehr durchweg die Klausel vorhanden, daß die Bank sich zur Vertretung der bei ihr deponierten Aktien in der Generalversammlung der betreffenden Gesellschaft auf Grund der Unterschrift der Geschäftsbedingungen nur so weit für berechtigt ansieht, als sie nicht andere Weisungen seitens der Kunden erhält. Jeder Aktionär kann durch besondere Weisung im Einzelfalle oder durch seinen den Geschäftsbedingungen beigefügten Vermerk, daß er generell solche Weisungen zu erteilen wünsche, verhindern, daß eine Vertretung

---

[1]) Vgl. Frankfurter Zeitung vom 12. 4. 1922 Nr. 275.
[2]) Vgl. daselbst S. 254.
[3]) Vgl. Solmssen, a. a. O. S. 35.

gegen seinen Willen stattfindet. Vielfach wird auch von seiten der Bank die Stimmvertretung in der Weise ausgeübt, daß sie, falls Oppositionen gegen die Verwaltungsanträge vor der Generalversammlung laut werden, bei Fehlen eines generellen Vermerks des Kunden die Kundschaft durch Rundschreiben unter Hinweis auf die entstandenen Differenzen ersucht, zu erklären, welche Weisungen sie für die Vertretung der Aktie gebe [1]).

Aus vorstehenden Gründen erscheint uns eine Einengung oder Beseitigung des Rechts der Banken nicht erforderlich. Wird das Stimmrecht von der Bank in einer dem Willen des Aktionärs nicht zusagenden Weise ausgeübt, so liegt die Schuld bei diesem selbst in seinem Mangel an dem notwendigen Interesse.

IV. Die Frage des Minderheitsschutzes in den Entscheidungen des Reichsgerichts.

Der praktische Wert des vom Gesetzgeber der Minderheit gewährten Schutzes läßt sich am besten in der Rechtsprechung der Gerichte erkennen. Da die hier in Frage kommenden Rechtsnormen, wie wir das auch bei anderen vielfach finden, häufig eine ganz verschiedene Interpretation zulassen, so fragt es sich: zeigen die Gerichte in solchen Fällen eine bestimmte Neigung, das Gesetz restriktiv oder extensiv auszulegen? Zwar ist bereits bei der Besprechung der einzelnen Normen eine ganze Reihe diesbezüglicher Gerichtsentscheidungen erörtert worden. Doch wollen wir, um ein einheitliches Bild zu erhalten, noch einmal im Zusammenhang die ja besonders wichtige Stellungnahme des Reichsgerichts in diesen Fragen betrachten.

Wenn Sontag [2]) dem Reichsgericht [3]) eine Entrechtung der Minderheit vorwirft, und Pinner äußert [4]), das Reichsgericht beweise in seinen Entscheidungen nicht nur, daß es den Minderheiten feindlich sei, sondern auch die Tendenz zeige, Minderheitsrechte, die das Gesetz gibt, beschränkend auszulegen, so kann dem nicht beigetreten werden.

Als Beweis seiner Behauptung beginnt letzterer mit einer Besprechung des berühmt gewordenen Hibernia-Falles [5]). Hier war beschlossen worden, Vorzugsaktien auszugeben,

---

1) Vgl. Berliner Börsenzeitung vom 13. September 1926 Nr. 726.
2) a. a. O. S. 25.
3) Vgl. RGE. v. 12. 11. 1913, Holdheims Monatsschrift f. Handelsrecht und Bankwesen.
4) Beiträge zum Aktienrecht S. 72 f.: vgl. auch S. 76.
5) RGE. Bd. 68, S. 243 ff.

und zwar sollten unter Ausschluß des Bezugsrechtes der Aktionäre Gebote von Personen abgelehnt werden, die nach Ansicht des Vorstandes den Erwerb von Aktien benutzen würden, um den Fortbestand der Gesellschaft zu gefährden; es sollten mit anderen Worten die Aktien der bisherigen Mehrheit überlassen werden, um diese zum Vorteil der Gesellschaft zu stärken.

Daß das Reichsgericht die auf Grund Verstoßes gegen die guten Sitten erfolgte Anfechtung des Beschlusses mit Recht verworfen hat, gibt auch Pinner zu; nur hält er die angeführten Gründe für höchst bedenklich. In diesen heißt es nämlich an einer Stelle: „Im Gesetz ist der Grundsatz zur Anerkennung gelangt, daß die Mehrheit über die Verwaltung und darüber entscheidet, was im Interesse der Gesellschaft und ihrer Aktionäre zu tun und zu lassen sei." Pinner liest aus dem „Interesse der Gesellschaft und ihrer Aktionäre" heraus, daß hiermit zweierlei gemeint sei: das Wohl der Gesellschaft und das Sonderinteresse der Mehrheit, das für die Beschlüsse der Majorität den Ausschlag geben dürfe.

Nach unserer Ansicht hat das Reichsgericht in der genannten Entscheidung nicht das allgemeine Gesellschaftswohl von dem besondersen Wohle einer Gruppe trennen sondern nur den Mehrheitsgrundsatz, der, ohne allerdings ausdrücklich ausgesprochen zu sein, unser ganzes Aktienrecht durchzieht, verstärkt zum Ausdruck bringen wollen. Daß die Ausdrucksweise nicht gerade glücklich gewählt ist, muß zugegeben werden. Der oberste Gerichtshof hat aber damit wohl nur sagen wollen; wenn sich in der Generalversammlung bei der Beschlußfassung zwei Gruppen gebildet haben, von denen jede ihr Bestreben als für das Unternehmen nützlich und förderlich hält, dann soll der Vorzug dem Beschluß der Mehrheit gegeben werden, auch wenn die Majorität mit diesem nicht allein den Vorteil der Gesellschaft, sondern auch ihre eigenen Interessen im Auge hat, weil sie mit denen des Unternehmens eng verknüpft sind. Voraussetzung ist natürlich, daß der Beschluß auch tatsächlich für die Gesellschaft nutzbringend ist. In diesem Falle muß er aber die Minderheit auch dann binden, wenn ihm letztere von ihrem subjektiven Standpunkte aus für nicht angebracht und wirtschaftlich unzweckmäßig hält.

Daß Pinner mit seiner Auslegung nicht die wahre Ansicht des Reichsgerichts getroffen hat, geht auch daraus hervor, daß dieses in einer späteren Entscheidung [1]) ausdrücklich

---

[1]) RGE. Bd. 107 S. 204.

ausspricht: die Minderheit müsse sich zwar dem Willen der Mehrheit unterwerfen, damit sei aber noch keineswegs ausgesprochen, „daß die Mehrheit die Macht schrankenlos ausbeuten und vorsätzlich zum Nachteil der Gesellschaft handeln dürfte". Der Grundsatz, daß eine Ausbeutung der Mehrheitsrechte gegenüber der Minderheit und die Verfolgung eigensüchtiger Interessen unter bewußter Hintansetzung des Wohles der Gesellschaft hierbei einen Verstoß gegen die guten Sitten enthält, läßt sich auch in anderen Reichsgerichtsentscheidungen erkennen [1]).

Ja es dürfte wohl kaum verkannt werden, daß der den Minderheitsschutz stark erweiternde Grundsatz, daß Generalversammlungsbeschlüsse nicht nur in dem Falle nichtig und anfechtbar sind, wenn sie gegen Gesetz oder Satzung, sondern auch dann, wenn sie gegen die guten Sitten verstoßen, überhaupt erst durch die Rechtsprechung des Reichsgerichts zur Anerkennung gebracht worden ist. Dieser Ansicht verleiht die oberste Gerichtsbehörde auch in seinen neuesten Entscheidungen immer wieder Ausdruck. So erklärt es in einem Urteil im 111. Bande [2]) einen Beschluß der Generalversammlung für sittenwidrig, „wenn er die Absicht erkennen läßt, eine Minderheit von Aktionären zu schädigen, oder aus der Gesellschaft zu verdrängen." Und im 112. Bande [3]) wird ausgesprochen: Ein Kapitalerhöhungsbeschluß, der unter Ausschluß des Bezugsrechtes der Aktionäre die jungen Aktien unverhältnismäßig billig einer bevorzugten Gruppe zuwendet, und dieser damit die absolute Mehrheit in der Generalversammlung ein für alle Mal sichert, verstößt gegen die guten Sitten. „Die Knebelung der Minderheit ging über das Maß einer berechtigten Abwehr gegen die Bestrebungen der Klägerin auf Vergrößerung ihres Einflusses weit hinaus. Sie wurde mit Mitteln erzielt, die vom Standpunkt eines redlichen, anständigen gesellschaftlichen Geschäftsverkehrs nicht zu billigen sind, und im Ergebnis gegen den allgemeinen Grundsatz des Aktienrechts verstoßen, daß sämtliche Aktionäre Anspruch auf gleichmäßige Behandlung haben, besonders auch in der Teilnahme an den gesellschaftlichen Vorteilen."

Als einen „besonders schweren Schlag gegen die Minderheitsrechte" bezeichnet Pinner [4]) das bereits zitierte Urteil des Reichsgerichts, in welchem es dem einzelnen Aktionär

---

[1]) RGE. Bd. 68, S. 314, 317; JW. 1916, S. 575, Nr. 3; Bd. 107, S. 72.

[2]) S. 28 ff.

[3]) S. 18.

[4]) a. a. O. S. 74.

das Recht auf Auskunft in der Generalversammlung abspricht [1]). Die dort vom Reichsgericht vertretene Ansicht ist auch von uns abgelehnt worden. Doch kann aus dieser Entscheidung nicht ein allgemeiner Grundsatz abgeleitet werden, daß das Reichsgericht der Minderheit feindlich gegenüberstände und diese entrechte. Gegen diese Behauptung sei im Gegensatz zu der oben genannten Entscheidung nochmals auf das Reichsgerichtsurteil verwiesen [2]), in welchem das Reichsgericht die Ansicht vertritt, daß das Vertagungsverlangen nicht nur mit der Bemängelung der Höhe, der Unklarheit und Unübersichtlichkeit eines Bilanspostens begründet werden könne, sondern daß dafür auch die Bemängelung eines Aktes der Geschäftsführung mit Bezug auf einen bestimmten Bilanzposten maßgebend sein dürfe. Diese Meinung wurde von uns sogar als zu weitgehend gehalten [3]).

Man sieht, daß von einer Tendenz des Reichsgerichts, die Minderheitsrechte einengend auszulegen, oder von einer bestimmten unfreundlichen Einstellung gegen die Minderheit wohl kaum die Rede sein kann. Vielmehr hält es sich in seinen Entscheidungen objektiv in den Grenzen der Zweckmäßigkeit. Wie es auf der einen Seite den im Aktienrecht verankerten Mehrheitsgrundsatz durchaus anerkennt und die Minderheiten stets da zurücktreten läßt, wo es das Wohl der Gesellschaft verlangt, so tritt es auf der anderen Seite auch ohne weiteres dafür ein, die Minderheit vor Ausbeutung und Übervorteilung durch die Mehrheit zu schützen.

C. Zusammenfassung.

Welchen Beweggründen auch immer die einzelnen Minderheitsrechte ihre Entstehung verdanken, und in welcher Form sie auch immer vorkommen, alle verfolgen sie e i n e n großen Zweck: sie sind bestimmt, dem einzelnen Aktionär, der an sich der Mehrheit gegenüber machtlos ist, die Gewähr zu bieten, daß sein Einspruch nicht völlig unbeachtet bleibt, daß er nicht auf Gnade und Ungnade der Mehrheit ausgeliefert ist. Die Minderheitsrechte sollen dem einzelnen Aktionär die Möglichkeit geben, seinem Willen Beachtung und praktische Durchführung zu verschaffen und den dem

---

[1]) Bd. 82, S. 191 u. S. 30 dieser Arbeit.

[2]) RGE. Bd. 90 S. 206.

[3]) Vgl. S. 32 dieser Arbeit.

Gesellschaftsinteresse vielleicht schädlichen Mehrheitswillen eine Schranke zu setzen.

Sollen die Minderheitsrechte ihren Zweck erfüllen, so muß dafür Sorge getragen werden, daß ihre Ausübung durch gesetzliche Bestimmungen nicht erschwert wird, und sie damit praktisch bedeutungslos werden. Andererseits darf ihre Geltendmachung nicht ohne jede Schranke zugelassen werden, da in diesem Falle die Gesellschaft derartigen Gefahren ausgesetzt wäre, daß sie ihren Charakter als Gesellschaft der Aktionäre verlieren und nur von einer Gruppe Bevorrechtigter regiert würde, ohne daß die anderen Aktionäre sich dagegen wenden könnten.

Wir haben gesehen, wie sich im Einzelnen der Gesetzgeber bemüht hat, die Grenzen so zu ziehen, daß einerseits die Ausübung der Minderheitsrechte nicht unmöglich gemacht, aber auch die für die Gesellschaft bestehenden Gefahren auf ein Mindestmaß herabgesetzt werden. Durch die verschiedenartigsten Schutzvorschriften wird der Aktionär angehalten, sich der Tragweite seines Entschlusses bewußt zu werden.

Zusammenfassend darf man sagen, daß die Minderheitsrechte einer gedeihlichen Entwicklung der Gesellschaften nicht entgegenstehen, daß einige der Minderheitsbefugnisse, wie z. B. das Untersuchungs- und Verfolgungsrecht als wirtschaftlich zweckmäßig zu bezeichnen sind. Sie erscheinen geeignet, das Zutrauen zu vermehren und die Kreditwürdigkeit zu heben. Daß der Minderheitsschutz die kontinuierliche Entwicklung unseres Aktienrechts nicht hindert, kann man um so mehr behaupten, als sich aus den Entscheidungen des Reichsgerichts ergibt, daß die Rechtsprechung sich im allgemeinen bemüht, die Gesetzesvorschriften dem Bedürfnisse des Wirtschaftslebens entsprechend auszulegen. Andererseits darf nach unseren Ausführungen auch die Frage bejaht werden, daß im allgemeinen der Schutz, den das Gesetz den Aktionären gewährt, ausreichend ist. Durch positive Vorschriften, deren Nichtbeobachtung schärfste Strafen nach sich zieht, sind so mannigfache Schutzvorschriften gegen Verfehlungen der Gründer und Verwaltungsorgane geschaffen, daß die Aktionäre gegen Benachteiligungen durch diese Personen genügend gesichert sind. Die der Minderheit verliehenen Rechte sind weitgehend genug, um ihnen die Möglichkeit zu geben, eine Vergewaltigung durch die Mehrheit erfolgreich abzuwehren. Die Quote des Aktienkapitals, die sie zur Geltendmachung ihrer Befugnisse im Besitz haben muß, ist so niedrig wie möglich angesetzt.

In einigen Punkten nur erscheinen Abänderungen angebracht, so z. B. in den Paragraphen, in denen die Minderheit auch dann, wenn ihr Verlangen sich als noch so berechtigt erwiesen hat, hinsichtlich der Entscheidung über die Kosten, die durch ihr Vorgehen veranlaßt sind, vollkommen auf die Geneigtheit der Mehrheit angewiesen ist, ob diese die Kostentragung der Gesellschaft aufbürden will oder nicht. Es muß dies zu sehr unbilligen Ergebnissen führen, und das Risiko, die Kosten tragen zu müssen, wird die Minderheit häufig hindern, ein wohlbegründetes Verlangen zu stellen.

Weiterhin ist wohl erforderlich, daß die Unstimmigkeit in den Grundkapitalsquoten, die zwischen den miteinander eng zusammenhängenden §§ 205, 268—270 HGB. (im Gegensatz zum früheren Recht, wo die betreffenden Quoten gleich groß waren) besteht, beseitigt wird, zumal ein innerer Grund für die heutige Regelung nicht vorhanden ist. Und zwar wäre eine Regelung zugunsten der Minderheit angebracht, da eine Erweiterung hier kaum eine Gefahr bieten dürfte.

Daß zuweilen noch immer Übervorteilungen der Minderheit durch die Mehrheit zustande kommen, zu deren Abwehr das Gesetz den Aktionären keine Handhabe bietet, beweist nichts gegen unsere Feststellung, daß der Schutz ausreichend sei. Ganz werden sich gewisse Übelstände nie beseitigen lassen. Wie Wagner [1]) richtig sagt, „werden sich bei anderen Rechtsnormen auch andere Listen und Ränke der Umgehung finden".

Wie wir gesehen haben, kommt es hier und da vor, daß auch Banken eine gesellschaftsfeindliche Politik betreiben. Doch sind dies Ausnahmefälle. Die Sorge, den Kunden geschäfts- und zahlungsfähig zu erhalten, bewirkt, daß die Interessen der Geldinstitute im allgemeinen mit denen der Unternehmungen parallel laufen. Deshalb muß ihnen daran liegen, die Geschäftstätigkeit der letzteren zu überwachen und jede Maßnahme, die den Gesellschaften Unheil bringen könnte, abzuwehren.

Daher ist auch von einschneidenden gesetzlichen Bestimmungen, wie sie von mancher Seite behufs Beschränkung des Bankeinflusses gefordert werden, abzuraten.

Daß das Aufkommen der Schutzaktien den Minderheiten Nachteile gebracht hat, läßt sich nicht leugnen, und es wäre zu wünschen, daß mit der allmählichen Gesundung unserer Wirtschaft für die Beseitigung der Mehrstimmrechtsaktien

---

[1]) S. 299.

in den Grenzen der Zweckmäßigkeit nach Möglichkeit Sorge getragen wird.

Im übrigen dürfte eine akute durchgreifende Umgestaltung der gesetzlichen Bestimmungen über den Minderheitenschutz im Aktienrecht weder wünschenswert noch zweckmäßig sein, da diese sowohl den Forderungen der Zweckmäßigkeit als auch denen der Gerechtigkeit im allgemeinen entsprechen, und vorhandene geringere Schäden und Härten sich nur im Laufe der Entwicklung beseitigen lassen.

Druck von Julius Beltz in Langensalza.

FSC
www.fsc.org
MIX
Papier | Fördert gute Waldnutzung
FSC® C083411

Kolibri 360 GmbH
Ferdinand-Jühlke-Straße 7
99095 Erfurt, Deutschland
produktsicherheit@kolibri360.de